# EU NÃO SEI LIDAR

# EU NÃO SEI LIDAR

## LUCAS SILVEIRA

2ª IMPRESSÃO

PORTO ALEGRE • SÃO PAULO
2015

Copyright © 2015 Lucas Silveira

**Preparação e edição**
Gustavo Faraon e Julia Dantas

**Capa e projeto gráfico**
Gabriel Gama

**Foto de capa**
Rafael Kent

**Revisão**
Fernanda Lisbôa

Dados Internacionais de Catalogação na Publicação (CIP)

S587e    Silveira, Lucas

       Eu não sei lidar / Lucas Silveira. — Porto Alegre : Dublinense, 2015.
       160 p. ; 23 cm.

       ISBN: 978-85-8318-058-6

       1. Literatura e Música. 2. Memórias. 3. Poesias — Letras de Música. I. Título.

                                             CDD 869.917

Bibliotecária responsável: Ginamara de Oliveira Lima (CRB 10/1204)

Todos os direitos desta edição
reservados à Editora Dublinense Ltda.

**Editorial**
Av. Augusto Meyer, 163 sala 605
Auxiliadora — Porto Alegre — RS
contato@dublinense.com.br

**Comercial**
R. Teodoro Sampaio, 1020 sala 1504
Pinheiros — São Paulo — SP
comercial@dublinense.com.br

Para Ione Lima

| | |
|---|---|
| CADA POÇA DESSA RUA TEM UM POUCO DE MINHAS LÁGRIMAS | 10 |
| O RESTO É NADA MAIS (O SONHO DO VISCONDE) | 20 |
| STONEHENGE | 30 |
| SUTJESKA/FAROL | 38 |
| EU SOU A MARÉ VIVA | 50 |
| MANIFESTO | 58 |
| INFÂNCIA | 66 |
| VIDA (BIOGRAFIA EM RÉ MENOR) | 76 |

| | |
|---|---|
| A GENTE MORRE SOZINHO | 88 |
| NÃO LEVE A MAL | 100 |
| DUAS LÁGRIMAS | 108 |
| SONO PROFUNDO | 116 |
| SONETO PARA PETR CECH | 124 |
| MILONGA | 134 |
| VERDADES QUE TANTO GUARDEI | 144 |
| A RESPOSTA | 150 |

Você não aguentaria um só dia vestindo a minha pele.

Eu não aguentaria um só dia sendo algo diferente do que sou, do que canto, do que escrevo, do que demonstro e deixo de demonstrar. Sou essa caminhada. E essa caminhada eu não fiz em silêncio, muito menos sozinho.

Precisei chegar bem longe para conseguir enxergar por onde andei.

Precisei andar sem parar, até esquecer a dor nos pés, para ver que ainda tenho uma longa estrada pela frente. E o que está nestas próximas páginas é um mapa dessas andanças, meu diário de bordo, minha caixa-preta.

Eu sou esse acidente. E eu sou grave.

# CADA POÇA DESSA RUA TEM UM POUCO DE MINHAS LÁGRIMAS

## CADA POÇA DESSA RUA TEM UM POUCO DE MINHAS LÁGRIMAS

*Você vai dizer:
"Eu não fiz por mal... eu não quis te magoar..."*

*E eu vou dizer
Que seria ideal fugir, te abandonar, pra sempre, pra sempre.*

*Começa a chover,
E a lágrima vai se misturar com a água que cai do céu*

*E, ao amanhecer...
Em vão, eu tento encontrar o que de mim você levou
Pra sempre, pra sempre...*

*Perdoa por eu não poder te perdoar
Dói muito mais em mim não ter a quem amar!
Ecoa em mim o silêncio dessa solidão
Pudera eu, viver sem coração...*

*Viver sem você...*

*Em cada poça dessa rua você vai me ver
Em cada gota dessa chuva você vai sentir minhas lágrimas
Minhas lágrimas!*

*E, em cada dia da sua vida, você vai chorar
Lágrimas sofridas que não vão somar um décimo do que eu sofri
O quanto eu sofri... o quanto eu sofri...*

*Eu pude ver
O sol desaparecer
Do seu rosto
Dos seus olhos
Da sua vida*

*Desapareceu.*

Algumas pessoas — como eu — têm um apego que atinge as margens da insanidade com a origem das coisas. A história contada pelas costuras semidesfeitas de uma camiseta velha, ou os cadarços de um par de tênis que caminhou o mundo, um galho de formato curioso trazido pelas marés de sabe-se-lá-onde... Todas as histórias que a mim se mostram escritas nas superfícies dessas coisas sempre acabam por me fascinar de maneira muito mais intensa que o objeto em si.

O que ilustra muito bem essa fixação são as lascas de tijolo que, batucando, arranquei de um muro datado da Idade Média no centro histórico de Munique e guardei no bolso da calça. Dias depois, estranhando a cor alaranjada que manchava as notas de dinheiro que eu tirava do bolso, lembrei do que havia contrabandeado do Velho Continente. Empunhei aqueles pedacinhos restantes e arremessei a uma cratera que a prefeitura tinha aberto no meio da rua para consertar a rede de esgoto da Pompeia, vizinhança de São Paulo que foi meu lar por alguns anos.

A areia que entrou nos meus tênis surrados, durante uma temporada de reflexões solitárias em Mostardas (cidade de origem da família do meu pai, no Litoral Sul do Rio Grande do Sul), mas que foi parar no centro de Sarajevo, na Bósnia, é outro retrato que prova esse meu insensato apego.

**LEVEI ESSA AREIA PARA LÁ DE PROPÓSITO,** porque eu realmente penso nessas coisas. Faz parte do meu gosto por roupa de brechó ou por videogames antigos encomendados de chineses desconhecidos que devem se perguntar o que aquele cara do Brasil quer com aquilo. Eu quero a história que está nessas coisas, mais do que as coisas em si.

Eu acredito na energia intangível impregnada nelas e, levando essas coisas de um lugar pra outro, eu confundo, mesmo que muito suavemente, **AS FORÇAS QUE REGEM O UNIVERSO.**

Cada poça dessa rua tem um pouco de minhas lágrimas. O título, que poderia dar nome a um poema falsificado de Álvares de Azevedo, nada mais é que a expansão desse conceito. Por alguns meses, naqueles já distantes anos de 2004-2005, eu lidava diariamente com uma culpa tremenda, algo que parecia pesado demais para aqueles meus vinte e poucos anos de vida. Eu tinha uma dúvida corrosiva a respeito do que habitava meu peito. Só sabia que não se parecia mais com amor.

A quebra de uma certeza é dolorosa, principalmente quando acreditamos no que chamam de "amor eterno". Qualquer frase que, de leve, sinalizasse esse conceito já saía com grande dificuldade da minha boca. Era o meu primeiro namoro tendo um fim, mesmo que somente dentro de mim àquela altura, mas já era o prenúncio do desenrolar dos próximos dias. Meses depois, esse fim se materializou naquela comum tragédia que todo signo de fogo sabe viver como ninguém.

Sarajevo Int'l Airport

— WHY ARE WE LOCKED IN T
BOX?
ALL MY ME

Lembro de acordar em um pranto explosivo, repentino. Uma culpa meio católica, uma obrigação de expressar aquele amor que, ainda só na minha cabeça, havia ali encontrado sua inevitável finitude. Eu não consegui terminar. Estava em uma posição na qual jamais havia estado, e aquele ponto final se aproximando da nossa história era como uma agulha debaixo da unha. Doía só de pensar. Fraco, desci a ladeira da resignação e entoei baixinho o mantra de que *tudo vai se ajeitar*.

———

Era um fim de tarde, daqueles bem porto-alegrenses: foi quando eu soube da traição. Ainda que não consumada, assumida. Eu também havia feito o mesmo quando aquele amor era novo, e eu nem sabia que era de verdade. E eu sempre me lembrei disso com muita, muita culpa.

No entanto, desaconselho aqui qualquer tentativa de procura por traços de razão e sanidade no coração e no cérebro de quem teve o coração partido.

O *tudo bem, pelo menos tu me contou* era só um band-aid tentando em vão tapar um buraco de bala. O sol que esmorecia a oeste fazia uma analogia piegas àquele amor que ali perdia sentido. Afogado no estuário sujo, pra jamais nascer de novo.

A volta à casa marca o momento em que a lágrima se mistura com a chuva e — de acordo com a minha crença sobre a origem das coisas — foi para o bueiro, o esgoto, a estação de tratamento, a tubulação subterrânea, para torneiras, copos de refrigerante, chuveiros, regadores de campos de futebol, piscinas, ou até mesmo para aquele filete de água que lavou o choro de outro alguém. Mesmo com toda a carga emocional do momento, eu lembro que essa reflexão passou pela minha cabeça naquele começo de noite, naquele final de caminho.

Eu fico me perguntando se existem outras pessoas nesse mundo que, como eu, também **GUARDAM EM SEUS BOLSOS COISAS QUE NÃO TÊM NENHUMA UTILIDADE APARENTE.**

# O RESTO É NADA MAIS (O SONHO DO VISCONDE)

## O RESTO É NADA MAIS
## (O SONHO DO VISCONDE)

*Eu sonhei que o mar me engolia, me tirava o ar*
*Experimentei uma paz*
*De ver que eu não iria mais voltar...*

*Eu vi que o céu*
*É só mais uma ilusão*
*E escrevi num papel*
*Pra me lembrar, ao fim do furacão*

*Precisei voar para bem longe, só pra ver*
*Serei sempre eu, as palavras*
*E o resto, é nada mais*
*Serei sempre eu, as memórias*
*E o resto, é nada mais...*

*Eu tentei pintar, na minha cara, um sorriso igual*
*Àquele que, eu sei, está lá:*
*Num grão de areia entre as Mostardas e o Pinhal*

*Eu vi que o céu me atrai bem mais que o chão*
*Mas é tão cruel, contemplar sozinho a imensidão...*
*Queria alguém, pra o Universo observar*
*Seríamos eu, você*
*E o resto, é nada mais*

*Queria, por um dia, conseguir mudar*
*Deixar de ser errante... por um dia não andar*
*Eu tenho uma ferida de cada lugar*
*Em que deixei guardada a solidão*

*E é por isso que eu digo que eu não sei lidar...*
*É muito mais do que meu peito pode suportar!*
*Não quero sonhos com hora marcada pra acabar*
*Prefiro essas histórias, imperfeitas, para contar*

*Será que há alguém, para me ouvir*
*e me fazer mudar?*
*Será que há alguém por aí?*

Eu sofro com um mesmo sonho recorrente. Hoje acho graça, mas, na minha infância, isso era desesperador. Já o havia sonhado tantas vezes que o tinha decupado na minha cabeça, em todos os seus takes e enquadramentos. Trata de uma cena simples, quase estática:

## ME VEJO SENDO ENGOLIDO POR UM MAR RAIVOSO NUM DIA NUBLADO.

A turbulenta superfície, de ondas enormes e inquietas, rapidamente dá lugar ao silêncio verde-escuro do fundo do mar. A imagem do meu próprio corpo imóvel afundando lentamente na água enquanto tenho os olhos fixos num céu que parece despedir-se de mim está impressa nas minhas memórias em todos os seus mínimos detalhes, bem como a súbita tranquilidade que toma conta do meu espírito quando eu percebo que de nada adianta resistir ao inevitável.

Após devorar inúmeros dicionários de sonhos na busca de significados ocultos para esse filme que é tão recorrente na minha videoteca noturna, decidi escrever sobre ele, na tentativa de descobrir sozinho a real razão de sua existência.

---

Eu começo a música descrevendo o sonho em detalhes e o que eu sentia no peito ao sonhá-lo. Descrever uma situação que eu jamais experimentei — morrer — acaba transformando-se numa busca pela comparação perfeita, daquela coisa que sentimos e não conseguimos descrever com algo que soe mais mundano e costumeiro. A poesia, para mim, é justamente isso: descrever o indescritível, de maneira que mesmo a mais iletrada das pessoas possa entender e abstrair-se do mundo real por alguns minutos. Foi nessa busca que eu encontrei o termo *paz*, em *experimentei uma paz, de ver que eu não iria mais voltar*. No entanto, é algo um pouco diferente de paz o que eu sentia. Era uma espécie de senso de completude, de se ver pleno e sentir um feliz contentamento com o fim. Na hora, me pareceu tranquilizadora a ideia de que eu não precisaria mais viver, de seguir numa última viagem, saindo da Terra rumo a algum lugar desconhecido, um outro plano físico, uma nova direção.

Essa visão da Terra se distanciando do meu olhar, se reconfigurando em uma escala totalmente diferente, me fascina desde que me entendo por gente.

Esse colosso em que habita toda a história que conhecemos e criamos, que abriga toda a humanidade, aos poucos distanciando-se da minha nave, até se apresentar perante meus olhos como um grão de areia na vastidão do Infinito... Esse conceito ao mesmo tempo me apavora e me tranquiliza.

Essa música permaneceu inacabada por alguns meses (tinha parado no *precisei voar pra bem longe só pra ver...*). Foi quando eu fiz uma viagem até a distante cidade de Mostardas.

Existe uma faixa de terra que se estende por uns

cem quilômetros, separando o Oceano Atlântico e a Lagoa dos Patos. E é no meio dessa frágil risca de areia que fica Mostardas, um povoado de pouco mais de dez mil habitantes entre o mar e a lagoa. A Praia do Farol reúne cerca de mil pessoas, entre pescadores de camarão, comerciantes e veranistas. A Praia Nova, ou Balneário Mostardense, fica mais próxima do centro da cidade e é onde muitos dos habitantes construíram suas casas de veraneio. Meu pai tem uma casa e um bar na Praia Nova, e meu tio, um humilde chalé literalmente encravado em meio às dunas da Praia do Farol.

A Praia Nova e a Do Farol são vizinhas, mas algo em torno de quinze quilômetros separam uma praia da outra. Foi quando, numa tarde ensolarada de março, eu decidi fazer o percurso a pé, como faziam meu avô e minha avó em distantes finais de semana dos anos trinta e quarenta. A caminhada solitária é interrompida por meia dúzia de almas perdidas que naquela orla procuram tirar do mar seu alimento e uma ou outra relíquia trazida pelas ondas. Foram três ou quatro horas de uma solidão que não cabia em mim. Era muito intenso e cheio de significados, um momento de quase meditação à beira-mar.

Ao fim da travessia, encontrei minha família preocupada com a minha demora e, antes de qualquer coisa, precisava despejar no papel as reflexões daquela tarde. É uma música que fala sobre solidão em todas as suas formas e sobre como essa solidão afeta principalmente aqueles que têm muito a dizer e ninguém para falar. Eu não era sozinho

eis que o ditado (?) nos
ensina a mirar
a espingarda fecha
o olho certo.

e eu achava que a
razão meu piorate (?)
pra voltar a ser o
approach c/ minha
desconhecida

por opção. Foi uma condição que o mundo me impôs desde muito cedo — e sobre a qual falarei mais tarde. Não importa quantas pessoas eu tenho ao meu redor, ser solitário vai muito além de ser um ponto isolado, uma ilha. É algo que a pessoa se obriga a ser, por não saber dividir com os outros uma reação tão intensa ao mundo real, tão dramática e transformadora.

A aparente alienação na verdade é insegurança travestida de autossuficiência, buscando uma válvula de escape para, lentamente, deixar o peito sangrar e não explodir de uma vez só, ferindo a mim e aos que me rodeiam.

Eu queria realmente que a parte da "confissão" em que se canta *Queria por um dia conseguir mudar / Deixar de ser errante, por um dia, não andar* soasse catártica. Eu queria que todos que ouvissem essa música percebessem que ali estou abrindo meu coração de uma maneira que eu jamais havia feito, revelando que eu não queria mais me sentir só e que colecionar feridas deveria deixar ali mesmo de ser algo que me resumisse. Até então, na minha vida, toda tentativa de dividir os dias com outro alguém havia se provado um desastre.

## POR ISSO, DESSES LUGARES EM QUE DEIXEI GUARDADA A MINHA SOLIDÃO EU SÓ TINHA CICATRIZES COMO LEMBRANÇA.

Mas um dia chega a hora de parar de sonhar. De começar a viver. *Somente eu, você, e o resto... é nada mais.* Não digo que isso fez com que eu mudasse algo que já faz parte da minha alma, mas ficou claro para mim que eu não podia mais encarar a solidão como uma condição que eu carregaria para o resto da minha vida. Hoje em dia, ainda preciso desses momentos em que sou apenas eu e o Universo, mas sei que se trata de um lugar que fica mais na minha memória do que no mundo lá fora, cheio de gente.

# STONEHENGE

## STONEHENGE

*... e talvez você estranhe ao me ouvir*
*Não costumo me comunicar assim*
*Mas preste atenção quando a chuva cair*
*E você vai me ver...*

*Já tentei ser mais do que eu sempre fui*
*Mas esqueci que é impossível crescer*
*Pois todo o sangue que em minhas veias flui*
*Ainda não conseguiu aquecer... meu coração*

*Inabalável...*
*Não há como fazer você parar para pensar*
*Como eu tenho agido nos últimos dias em que eu lhe vi?*

*Você não merece... tudo que eu ouso sentir*
*Você não merece... tudo que eu ouso sentir, e dói demais*

*E dói demais ter você assim*
*Nunca há paz, pra você nem pra mim*
*Por isso eu quero saber o que fazer*

*E nada mais parece te abalar*
*E nada mais te faz rir ou faz chorar*
*E não há ninguém aqui para você provar que existe*

*Não há ninguém aqui para você provar que existe*

O monumento hoje conhecido como Stonehenge, na Inglaterra, me intrigava desde o ensino fundamental, quando soube que era um santuário e um observatório. Sua real funcionalidade para os povos locais de centenas de anos antes de Cristo jamais foi totalmente descoberta. Especialistas afirmam que sua posição e a disposição circular das grandes pedras se devem a um minucioso cálculo astronômico baseado na posição das estrelas, do Sol e da Lua. Na época de sua construção, as necessidades humanas eram muito mais imediatas e vitais. O entendimento que se tinha do Universo era muito limitado.

## SÉCULOS DEPOIS, ESSA FOI A ANALOGIA PERFEITA QUE ENCONTREI NA MINHA CABEÇA PARA DESCREVER UMA MULHER.

Uma bela e impenetrável fortaleza de insensibilidade. Mas uma menina, na verdade, visto que éramos todos adolescentes na época.

Naquela época, eu sentia que alguma coisa em sua história de vida tinha moldado sua personalidade de maneira que ela não parecia se deixar abalar por absolutamente nada. Pelo menos, nada que fosse relacionado aos dramas do coração, dos relacionamentos, essa miríade de acontecimentos aparentemente desastrosos que, especialmente na adolescência, têm uma dimensão enorme e quase impossível de se lidar. Havia algo de errado com aquela moça.

Hoje, uns quinze anos depois, eu tenho uma conclusão muito mais simples e certeira, além de dolorosa: ela só não era a fim de mim.

## EXISTIAM BILHÕES DE MULHERES QUE NÃO ERAM A FIM DE MIM NO MUNDO,

mas eu não conseguia entender como aquela, justamente aquela, não retribuía por mim tudo que eu nutria por ela em meu peito. Fazíamos tudo juntos, ríamos das mesmas coisas, tínhamos uma infinidade de piadas internas. Tínhamos tudo que pessoas que estão juntas têm, menos o laço de se "estar junto". Talvez eu já houvesse cruzado a linha da friend zone — aquela que, após ultrapassada, vai te impedir de ter qualquer coisa com aquela garota, pois vocês já são *amigos demais*. Aí você entra naquele dilema sem solução: se eu gosto tanto dessa pessoa, eu vou sempre tratá-la da melhor maneira que eu conseguir e vou querer fazer tudo junto dela, pois é o que eu mais quero. É uma faca de dois gumes, pois essa mesma vontade pode te levar ao poço sem volta da friend zone, dentro do qual você ouve em loop a frase responsável por grande parte dos tormentos de um jovem apaixonado: *eu não quero estragar a nossa amizade*. Acho que vi falarem disso pela primeira vez num episódio de *Friends*. Na verdade, a amizade é apenas uma desculpa que a moça usa para dizer que não está a fim. Mas eu era muito jovem para acreditar que aquilo é, mesmo, uma coisa que acontece e que não adianta espernear, pois não vai mudar.

Meu esperneio veio em forma de uma música na qual eu enumero acontecimentos e relembro atitudes minhas que deixaram claro o que para mim era evidente: ela só poderia ter um problema, ela só poderia estar querendo provar algo para ela mesma. Eu uso a palavra *esperneio* de propósito, pois é bastante infantil da minha parte não ter levado em consideração a hipótese mais realista: ela não estava a fim. Mas como a moça em questão exalava uma imagem de alheia ao mundo, de uma distância em relação a tudo e todos, minhas suposições egoístas e cegas venceram o óbvio. Daí veio a analogia com Stonehenge, dessa figura que, mesmo exposta à passagem do tempo, continua lá, parada, letárgica e monumental. Eu era muito novo para querer contemplar a ideia de que aquela moça era uma mulher em formação, uma adolescente tão ou mais confusa que eu, com seus porquês e seu destino.

Hoje, pensando sobre essa música, tanto tempo depois de tê-la escrito, e relembrando os motivos que a fizeram existir, tenho sentimentos conflitantes.

**EU CONSIGO ENXERGAR NESSES VERSOS UMA FUTILIDADE PUERIL, UMA INGENUIDADE DAQUELE GAROTO-POETA** que escarrou seus mais profundos e amargurados sentimentos em um refrão cantado com a intensidade de um temporal de verão. E é justamente a turbidez que se derrama pelos olhos de um adolescente, essa lente de aumento disforme e obtusa, que faz a gente enxergar as coisas com tanta distorção. Que faz a gente achar que tudo é o fim do mundo, que faz a gente se desesperar numa urgência descabida, na busca de significados que ainda não somos maduros o bastante para entender.

Não era um *Stonehenge*, era só uma jovem mulher que não queria nada comigo.

———

Essa música só entrou para o disco porque o Lique, um grande amigo, puxou um papo comigo no antigo mIRC para falar que tinha se esvaído em lágrimas enquanto voltava da faculdade ao ouvir essa música. Ele havia percebido nela uma intensidade que nem mesmo eu sabia que ela tinha, me encorajando a fazer dela um dos carros-chefe daquele disco que, mais tarde, iria se transformar no *Quarto dos livros*. Antes disso, gravamos, meio que às pressas, um single dessa música para participar de um concurso de novas bandas gaúchas promovido pela Cola-Cola que eu tinha certeza de que a gente ia ganhar. O concurso não teve mais de duzentos participantes, e nós não figuramos nem ao menos entre os quinze pré-selecionados para a final.

When U should be ~~sleeping~~ Dream your eyes o~~~~
Why are you awake at ni~~
When you should be sleeping (w~~
Why am i trying to fight
~~#~~ to beat up this feeling
Why ~~am i hol~~ ~~do i hold th~~
hen I am holding you ~~tigh~~
should be lown~

~~Sometimes I can't con~~
Why ~~do i am~~ ain't i
~~after~~ able
to control

- do
- you're
- ~~posed~~
- ~~with~~
- ~~you've~~
~~in my life it~~ ~~now~~
~~exposed~~
il we figure it out  we figur~~~~ own
Heart

# SUTJESKA/
# FAROL

*Antes de falarmos sobre* Sutjeska/Farol, *uma introdução:*

# 2012, UM ANO TORTO

Faz algum tempo que 2012 acabou. E hoje eu posso dizer com segurança que foi o ano mais tortuoso da minha vida. Ele começa com a recém-conquistada segunda independência da Fresno. Segunda, porque os nossos primeiros sete anos foram de inevitável independência. E o fator que levou a essa nova liberdade, sem dúvida é um EP chamado *Cemitério das boas intenções*.

Ele tem esse nome porque é assim que, naquela época, os meus olhos enxergavam o mundo: um lugar em que os bem-intencionados fracassam, atropelados pela fanfarra regida pelos ditos "espertos". Estávamos um tanto (ingenuamente) revoltados com os rumos do nosso trabalho junto à gravadora (não necessariamente a multinacional, e sim o escritório-selo que representava o lado mais "rock" dela no Brasil) e precisávamos extravasar isso gravando umas músicas que vinham pipocando nos ensaios. Elas estavam soando como uma evolução natural do material pesado que já aparecera com força no *Revanche*, de 2010. No entanto, após quarenta e cinco dias de malsucedidas tentativas de comunicação com nosso então empresário, que parecia excessivamente desinteressado, optamos por marcar uns três dias de gravação no estúdio Costella, com o Chuck Hipolytho, só pra ver o que saía.

Um mês se passou, e lançamos esse EP, que havia ficado com uma sonoridade bem diferente do que vínhamos fazendo anteriormente, causando opiniões divididas entre os fãs: alguns ficaram felizes com o flerte com as afinações graves e os riffs mais autoritários, outros sentiram-se órfãos das canções de amor que fizeram tanto sucesso anteriormente. Um ponto fora da curva da nossa história, mas com certeza um marco importante na nossa evolução musical, um sinal do que podemos fazer, caso tenhamos vontade.

## FOI UM LAMENTO GRITADO E URGENTE

de desilusão com os caminhos que o nosso nome havia tomado. Acredito que o *Cemitério...* é um disco de amor, mas amor-próprio. Somos nós, finalmente, olhando para dentro de nós mesmos e lutando para preservar o que temos de precioso em nossos corações: as boas intenções.

O engraçado é que foi só na segunda semana após o lançamento do disco que nosso atento empresário havia descoberto que nós tínhamos lançado algo sem sua supervisão e, com um simples e-mail, nossa parceria foi desfeita, sem maiores desgastes. Foi o começo de uma nova fase da banda e da minha vida. Tudo que estávamos, há meses, talvez anos, nos querendo ver livres havia se dissipado com meras três ou quatro linhas de texto (e uma multa). Até aquele dia, vivíamos um momento em que, para o bem ou para o mal, existia um escritório "cuidando" da nossa carreira, da nossa agenda de shows e demais compromissos. A partir dali, seríamos nós, apenas nós contra o mundo, exatamente como havia profetizado a manchete de capa da edição de dezembro de 2010 da *Rolling Stone*. Mas, definitivamente, não era uma briga em que todos estavam dispostos a entrar. Tanto não estavam que a primeira baixa na nossa formação aconteceu menos de dois meses depois disso, embora eu e o Vavo tenhamos sido os últimos a saber.

A saída do Tavares me pegou de surpresa: recém-chegado de uma excursão solitária pela Bósnia, seguida da minha primeira participação no festival South By Southwest, no Texas, eu estava mostrando a todos uma foto que havia tirado numa congelante manhã do inverno bósnio. Aquela imagem, misteriosa, beirando o surreal, flertando com a ficção científica, estampava Sutjeska, um monumento erguido pelos iugoslavos para que jamais se esquecessem das centenas de pessoas que ali haviam sido mortas durante uma sangrenta batalha. Minha intenção era utilizar aquela foto para ser a capa do disco do meu projeto *Visconde*, um compêndio de composições que haviam ficado de fora dos discos da Fresno, seja por causa da gravadora, por falta de espaço físico, seja por discordâncias entre nós.

---

A segunda-feira que seguiu o domingo em que o Tavares resolveu deixar a Fresno ficou marcada pelo encontro que tive com o Vavo, que fundou a banda comigo, lá em 1999, e que está nessa comigo até hoje. Saí da casa dele com uma resolução bem definida na cabeça: a de que eu jamais iria dar menos do que cem por cento do meu sangue, meu suor e minha alma pela Fresno. Não que eu não estivesse fazendo isso desde sempre, mas esses marcos doloridos da nossa história sempre são território fértil para resoluções poderosas. Isso incluía nunca mais aceitar que outras pessoas, com outras intenções e ambições, definissem onde a Fresno começa ou termina, limitando o tamanho e a longevidade do nosso sonho adolescente e projeto de uma vida inteira. Também incluía canalizar tudo que eu criasse para a minha prioridade: a banda. O projeto solo perdeu sentido quando percebi que a história do meu projeto principal se confunde com a história da minha vida.

**MINHA VIDA ESTÁ NARRADA, PÁGINA POR PÁGINA, NOS VERSOS DAS MÚSICAS QUE EU ESCREVI PARA ESSA BANDA,** e naquele momento não havia mais nada que me fizesse rasgar esses capítulos para esconder em livros menores.

O primeiro resultado dessa guinada foi definir o Sutjeska como a capa do *Infinito*, disco que começamos a produzir menos de uma semana após a saída do Tavares. Quem vê o disco na prateleira da loja enxerga em sua capa apenas uma ponta daquela gigantesca estrutura que parece desafiar a gravidade. Com o encarte em mãos, desdobra-se o papel e descobre-se Sutjeska em seu total e caótico esplendor. É assim com as nossas músicas. Se você se ativer ao que ouviu falarem, não vai passar da capa. A capa é o que protege o que é precioso de tudo que há do lado de fora. Aquele monumento nada mais é do que a minha vida, traduzida em metal, concreto, neve e solidão: megalomaníaco, sempre fora do tempo, do lugar, frio e cheio de arestas.

*Vida (biografia em ré menor)* foi escrita para fechar o *Revanche*. *Seis* nasceu para ser a faixa seis do *Redenção*. *Lá*, que depois virou *Infinito*, surgiu na época do *Cemitério das boas intenções*. E *Farol* ia ser mais uma daquelas músicas que não tinham "a cara da Fresno". Essa "cara", essa ideia pré-concebida de que a sonoridade de um artista deve ter início e fim, é tudo que eu me enxerguei querendo abolir, desde o primeiro dia no estúdio, para gravar nosso sexto disco. *Farol* traduz tanto a minha alma quanto *À prova de balas*, justamente pelo fato da minha alma não ter começo, nem fim, nem forma, nem futuro entalhado em pedra. Se for para ser independente, que sejamos independentes de tudo, **LIVRES DE TUDO, INCLUSIVE DO QUE AS PESSOAS ESPERAM DA GENTE.**

## SUTJESKA/FAROL

E, nem de longe, a gente pode disfarçar
O que há por trás da pele
Mas saiba que teu olho me emburrece mais
Do que as mentiras que eu li nos jornais...
de ontem

E, se eu explodir
Diga que vem me visitar
Pra juntar os pedaços de mim

Mas será que no corpo de um outro alguém
Meu coração pode funcionar bem... melhor?

Bem-aventurados os que mentem
Felizes são aqueles que não sentem
E eu, sentenciado à reclusão
À luz desse Farol da Solidão

Esse lampejo guia os barcos até o Cais
Mas queima os nossos olhos
E é pra que, numa noite de escuridão
A gente encontre uma só razão para continuar...
vivendo

E, a todo vapor
Navego até o mundo se dobrar
Sumindo no horizonte...

Eu volto quando o vento me fizer voltar
Tenho milhões de estrelas, só pra me guiar.

# BOSNIAN EMERGENCY TAG LINES —

EXCUSE ME — OPROSTITE

CAN U HELP ME? —
 ↳ MOŽETE li mi POMOĆI?

DESIR... —
 ↳ ŽELIM IĆI NA OVO mjesto

NO KALO... —
 ↳ I NE GOVORE jezik.

Era uma daquelas músicas que estavam na minha prateleira. Eu não sabia direito o que fazer, mas mesmo assim acabei enviando uma demo para alguns amigos. Quem me disse o que fazer com ela foi meu amigo Vini D'ávilla. Só faltou ele me ameaçar de morte caso aquela música não entrasse para o próximo disco da Fresno. Por isso, sou eternamente grato.

Existem pessoas que a gente não consegue "ler" de primeira. Elas são dotadas daquele olhar que te manda sinais opostos, contraditórios, que te despistam e te levam a todo tipo de conclusões precipitadas, jamais certeiras. A gente começa a questionar as nossas convicções, e até se sentir insensível, analfabeto para aquela pessoa e as atitudes dela. O problema é que, na época, eu não estava atrás de algo assim tão complicado. Foi quando surgiram aqueles versos, que falam que eu adoraria ser daqueles que falam *eu te amo* da boca para fora, mesmo sem sentir. Estava pensando em como seria mais fácil se a gente pudesse viver, dormir e acordar com uma mentira pesando sobre nossos ombros, mas não nos impossibilitando de andar.

A verdade é uma escolha individual e, muitas vezes, uma escolha que vai te fazer abandonar as pessoas, que vai te deixar sozinho. Você, sua verdade, e ninguém mais.

A analogia do Farol, rumo ao qual eu havia caminhado escaldantes areias numa tarde de fim de verão, é para mostrar que a gente tinha aquele ponto de referência, aquela margem para remar, caso tudo desse errado. Aquela luz que, no horizonte, nos diz que não estamos assim tão longe de casa. No entanto, muitas vezes a gente precisa perder de vista o nosso porto seguro. Por isso, olhar demais para seu lampejo pode cegar. Grandes feitos requerem grandes riscos.

## POR ISSO PREFERI REMAR PARA LONGE DAQUELA PRAIA, DAQUELE FAROL, DAQUELES OLHOS QUE EMBURRECEM.

O Farol da Solidão realmente existe e está encravado entre as dunas de um pequeno povoado que se estende entre a Lagoa dos Patos e o Oceano. Foi aos seus pés que, em vez de entalhar meu nome, como centenas de pessoas já fizeram, desenhei os traços do monumento Sutjeska, numa tentativa simbólica de fechar dentro de mim mais um ciclo.

Já o monumento de Sutjeska é outro atávico monumento à solidão. Não havia ninguém lá, quando eu o vi. E não havia rastro ou resquício da presença de outro ser humano naquele lugar em um tempo recente. Estava em meio ao mais cruel dos invernos, com temperaturas chegando a quinze graus negativos, encravado entre duas montanhas e uma estrada sobre a qual carros passam espaçados por intermináveis minutos de silêncio.

E a junção das duas músicas surgiu disso, dessa dualidade tão discrepante entre esses dois lugares que tinham como único elo eu e minha solidão.

É, com certeza, uma das canções que mais me orgulho de ter escrito. Por ser aparentemente de estrutura e versos simples e facilmente imagináveis, o ouvinte desavisado pode não perceber — e nem tem obrigação — que eu precisei dar meia-volta ao mundo para coletar aqueles versos. Metade deles num vale nevado em um fim de mundo ainda cicatrizando suas feridas de uma sangrenta guerra civil. A outra metade tirando de meus tênis a areia da praia em que minha família tem tão profundas raízes.

Tudo que se passou comigo e com a Fresno no ano de 2012, meu indispensável ano torto, parece cuidadosamente ter moldado essa canção e possibilitado sua existência. Tentamos, com algum sucesso, sintetizar essa experiência em um clipe, filmado em Mostardas, junto ao Farol da Solidão, e contando ainda com imagens da minha ego-trip na Bósnia. A confecção desse clipe, por si só, foi um manifesto catártico de fechamento de ciclo. A cena em que eu queimo minhas roupas numa fogueira e caminho, decidido a adormecer numa cama dentro do mar, simboliza minha luta contra a minha própria — e solitária — existência.

# EU SOU A MARÉ VIVA

## EU SOU A MARÉ VIVA

A casa cheia, o coração vazio
Escorre do meu rosto um lamento arredio
O veneno acabou
A festa esvaziou
O tempo da inocência terminou

Os amigos que eu fiz
E quem jamais voltou
Ferida que eu abri
E a que jamais fechou

Para passar a luz
Que vence a escuridão
Pra eu tentar aquecer
Meu coração

Vão tentar derrubar, que é pra me ver crescer
E, às vezes, me matar, que é pra eu renascer
Como uma supernova que atravessa o ar
Eu sou a Maré Viva, se entrar vai se afogar

Eu grito pro Universo
O meu nome e o seu
E Ele vai escutar

Eu mandei um sinal rumo ao firmamento
Eu forneci a prova cabal desse meu desalento
A sonda vai voar, até não dar mais pra ver
Levando o que há de bom em mim
Levando pra você

*E os que não estão mais aqui*
*Todos os que se foram*
*Eles vão me encontrar*
*Em outra dimensão... onde não existe dor*

*Não se declara guerra quando estamos em paz.*

Vez que outra o mar resolve invadir a praia. Resolve danificar o calçadão. Parece querer dar a todos nós um recado: aquelas dunas à beira-mar estavam ali por uma razão, afinal. Sem aquelas pequenas colinas de areia seca, o mar não tem nada que lhe possa impedir de avançar. Então ele vai, vez que outra, mas vai, e leva consigo tudo que havia pela frente.

## MUITAS VEZES JÁ ME SENTI COMO ESSE MAR PRESTES A ARRUINAR TUDO AO REDOR.

Não é uma situação em que a gente se coloca sozinho. É o mundo, são as pessoas que fazem isso com a gente. Cada um tem seu limite, um ponto em que a ponderação e a sensatez de repente somem dos nossos julgamentos e, por um minuto que seja, nos transformamos em seres capazes de tudo.

A energia da qual somos dotados, que nos faz acordar, viver, ter experiências e existir é apenas a ponta do iceberg, uma pequena amostra do que temos correndo em nossas veias. As estrelas do céu: cada uma delas é uma bomba-relógio, apenas caminhando de encontro ao momento em que a explosão será inevitável, e será intensa, poderosa e implacável. De uma forma ou de outra, nós somos pequenos organismos compostos de água e poeira estelar. Somos pequenos mares e pequenas — mas poderosas — estrelas, e nossa maré pode virar ressaca, e nossa luz pode virar uma explosão quando somos colocados em uma situação em que a catarse seja a única saída.

...Nome e o seu ...to pro universo ...vai escutar

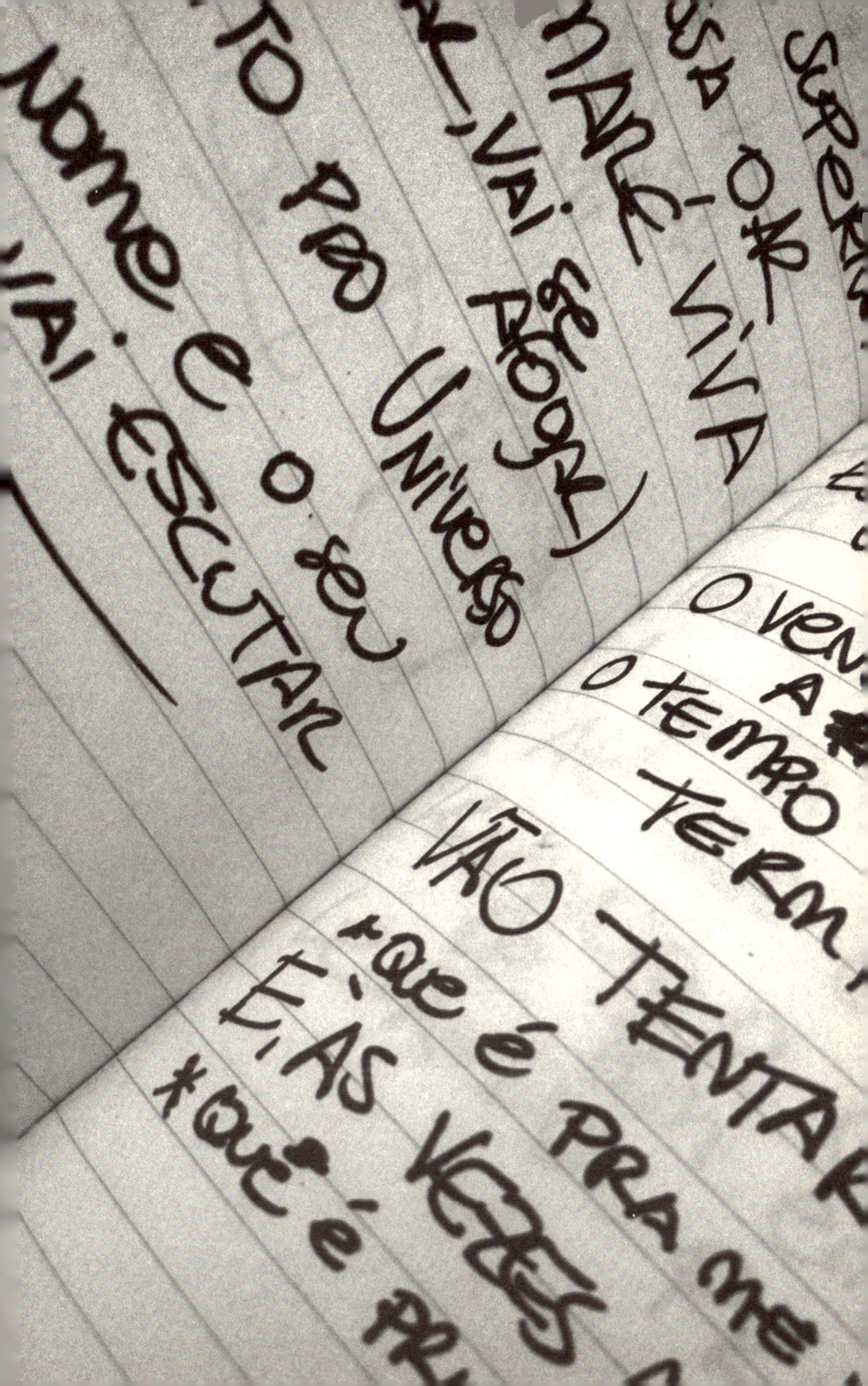

...sa ok maré viva ...vai se afogar

o vento a ...
o tempo ...
term...

VÃO TENTA...
...ae é pra me
É, ás vezes
...ouê é pr...

Reluto em me perdoar por todas as vezes em que eu não revidei. Fico querendo voltar no tempo e vomitar aquelas palavras que fugiram na hora em que eu mais precisava. Cada uma dessas angústias parece pequena quando avaliada individualmente, mas sucessivas camadas de resignação, letargia e inatividade vão te transformando aos poucos em algo diferente do que você era.

*Eu sou a maré viva* é o meu contragolpe. Eu ainda não consigo cantar essa música sem ver passar diante dos meus olhos esse filme em que eu sou aquele que vê diante de si a chance de lutar, mas que acaba não fazendo nada, por medo ou por preguiça. Cada cena desse filme vai me fazendo cantar com mais força o verso seguinte. Com a chegada do refrão, eu já estou onde queria estar nessa narrativa. É quando eu deixo a chama queimar, a onda quebrar, o cosmo explodir, o mar invadir.

Podem me derrubar, mas quantas vezes for preciso, eu vou me levantar novamente. Podem me matar, eu vou nascer ainda mais forte, no segundo seguinte, antes mesmo de que eles possam comemorar meu último suspiro. E essa volta não vai ser apenas forte, vai ser avassaladora, e vai ser apenas páreo para a feiura da cara de susto daqueles que duvidavam de que eu seria capaz.

Escrever sobre o que há de mais precioso e importante dentro de nós mesmos é como mandar para o infinito uma sonda em que você mostra para o universo toda a completude da sua alma.

**MESMO QUE ÀS VEZES FIQUE EXPOSTA NESSES VERSOS A NOSSA MAIOR FRAQUEZA,** é através dessas notas e palavras que a gente constrói algo que vai ficar nesse mundo para sempre. O que há de melhor em mim, o que há de mais valioso que eu tenho para contribuir para o mundo vira música, e eu faço isso por aqueles que eu amo, aos que caminham junto comigo, aos que acreditam no que eu digo, aos que me fazem sentir que eu jamais estarei sozinho enquanto eu cantar. Mesmo quando eles já não mais fizerem parte do nosso plano físico, mesmo quando eles se forem, nosso canto vai ecoar nesse e em todos os outros Universos.

Pelo menos, é nisso que eu acredito.

# MANIFESTO

## MANIFESTO

*A gente acorda pra vida e não quer sair da cama*
*A gente abre a ferida na pele de quem nos ama*
*A gente vive na guerra*
*A gente luta por paz*
*A gente pensa que sabe, mas nunca sabe o que faz*

*A gente nega o que nunca teve forças pra dizer*
*A gente mostra pro mundo o que se quer esconder*

*A gente finge que vive, até a hora de morrer*
*E espera a hora da morte, pra se arrepender*
*De tudo...*

*E todas essas pessoas que passaram por mim*
*Alguns querendo dinheiro*
*Outros querendo meu fim*

*Os meus amores de infância e os inimigos mortais*
*Todas as micaretas*
*Todos os funerais*

*Todos os ditadores e subcelebridades*
*Farsantes reais*
*Encobertando verdades*

*Pra proteger um vazio, um pedaço de papel*
*Sempre esquecendo que o mundo é só um ponto azul no céu...*

*Quem é que vai ouvir a minha oração?*
*E quantos vão morrer até o final de canção?*
*Quem é que vai seguir com a minha procissão,*
*Sem nunca desistir, nem sucumbir a toda essa pressão?*

*No escuro, a sós com a minha voz
Por nós, quem? Quem? Quem?
Antes, durante e após, desatando os nós, hein?
Hein? Hein?*

*Sente no corpo uma prisão
Correntes, vendas na visão
Os caras não avisam
Balas não alisam
Minas e manos brisam*

*E precisam de mais, mais visão, ter paz
Note que o holofote e o vício nele, sim, te desfaz, faz
Menos é mais, e o que segue é a lombra
Onde, se vacilar, os verme leva até sua sombra*

*Cada qual com seu caos
O inferno particular
Tempo, individual
E o amor, impopular.*

Certa vez, comecei a pensar em quantas pessoas deixam esse mundo no tempo de uma música.

## MÚSICA É A MINHA RELIGIÃO, POIS EU ACREDITO NO SEU PODER DE CURA.

Da mesma maneira que muitos rezam para diferentes entidades, sou eu que escrevo minhas orações e as pulverizo pelo Universo, em busca de uma resposta.

Quantas pessoas morrem a cada quatro minutos? Quantas dessas mortes poderiam ser evitadas? Quantas dessas pessoas simplesmente não escutaram aquela determinada música que, naquele momento perfeito, as teria feito enxergar a vida de outra maneira? E se estivesse em meu poder ajudar o mundo com mais músicas assim?

É uma missão árdua. No começo, eram apenas aqueles meus primeiros acordes, combinados com o que eu estava sentindo. Era uma coisa minha, endereçada a mim mesmo, mas que, mesmo assim, encontrou muitas outras pessoas vivendo situações parecidas. Por que haveria de mudar?

Porque eu não consigo me repetir. Mesmo quando a repetição daquele padrão testado e aprovado vai me trazer algo bom no final, não tenho em mim essa pecinha que me permite fazer algo igual ao que já fiz. Essa busca incessante pelo que me instiga é o que me trouxe aqui e, com certeza, é o que vai me levar para onde eu quero chegar, ainda que nem mesmo para mim isso esteja muito claro.

Foi aí que eu me deparei com um texto que eu havia postado em um antigo blog, no qual enumerava as várias contradições que hoje encaramos com normalidade, mas que, na verdade, são responsáveis pela nossa constante fuga daquilo que somos. Estamos sempre vestindo máscaras, empunhando escudos, e desmoronamos logo no primeiro golpe que nos atinge de maneira inesperada. Acreditamos que a redenção chegará ao final de tudo e ignoramos os sinais que a vida nos dá. A gente acha que é imortal, especialmente enquanto temos nas veias o sangue novo da juventude, mas esquecemos que só estamos respirando por um frágil detalhe chamado Vida, essa que pode acabar na primeira curva, na próxima esquina.

Ao mesmo tempo, observo com enorme pesar a passagem pela Terra de pessoas que se enxergam como superiores, seja por que têm mais dinheiro, mais poder, mais beleza, ou nenhuma das anteriores, mas, com base nisso, julgam ter direito de submeter seus semelhantes a todo tipo de humilhação e crueldade. A incapacidade dessas pessoas de terem empatia em seus corações, de se enxergarem como parte de um todo muito maior e sobre o qual não temos o menor controle, as deixa cegas, insensíveis e imunes às agruras inerentes à nossa existência.

Essa insensibilidade patológica pode facilmente ser confundida com força interior, mas na verdade é sinal de uma fraqueza que precisa de um espesso escudo para não ficar exposta às intempéries da vida real.

O *Manifesto* sou eu buscando aliados que vão ecoar a mensagem dessa música, dessa e de outras milhares de canções que tiram do nosso peito o que temos de melhor. Sou eu conclamando a todos que podem me ouvir que perpetuem a mensagem, mesmo quando eu não mais estiver entre os vivos.

Chamamos o Lenine e o Emicida porque ambos falaram, em diferentes oportunidades, a frase *música é a minha religião*. Considerei isso como um sinal. Além da evidente admiração que tenho pelo trabalho e pela pessoa dos dois, esse verso que nos une não poderia deixar de ser celebrado com a presença de todos nós em uma mesma canção. Existe uma entrelinha para ser lida nessa participação deles numa música da Fresno. Nada é por acaso. Nada. Se formos somar os nossos públicos, que são diametralmente diferentes, conseguimos atingir um grupo muito grande de pessoas. Eu queria que essa música fosse tanto uma música da Fresno, quanto é do Lenine e do Emicida, quanto das pessoas que captaram a sua mensagem.

## EU COSTUMO DIZER QUE UMA MÚSICA SÓ É MINHA ATÉ O MOMENTO EM QUE EU CANTAR ELA PELA PRIMEIRA VEZ.

Aí já era, foi pro mundo é o que a gente sempre fala.

a ra a Sarajevo, o
bjetivo de bater u
to de um monume
calizado em Tjenti
erto de FOCA no pa
cional de Sutjeska

# INFÂNCIA

## INFÂNCIA

*E agora que estamos crescidos, será que já deu
pra perceber
Que você não tem mais amigos e sabe que eu
não vou socorrer?*

*Olhe pra você agora
Quem é a criança que chora?*

*Eu sei que posso estar errado
Mas fico feliz em te ver assim
Mas saiba que o nosso passado
Entalhou cicatriz de ódio em mim*

*Olhe pra você agora
Quem é a criança que chora?*

*Saiba que eu daria tudo pra poder dizer
Que o sofrimento que você causou me fez crescer
Tem vezes que eu daria tudo pra retribuir
Tudo que você fazia pra me destruir*

*E a culpa é sua por hoje eu ser assim
A culpa é sua por eu não ter sido criança
E a culpa é sua por eu gostar mais de mim
A culpa é sua por eu não ter tido infância*

## MINHA ENTRADA NA ADOLESCÊNCIA FOI UM TANTO TRAUMÁTICA.
Felizes são os cinco por cento ou menos que podem dizer que não enfrentaram problemas de adaptação a essa nova realidade, quando ainda não se é crescido o bastante para sair sozinho de casa, mas também já não temos nas brincadeiras e tarefas do colégio a nossa única preocupação.

Em 1995, houve um grande êxodo de colegas de colégio para o turno da manhã. Eu preferi continuar estudando à tarde. Nossa turma, anteriormente de mais de quarenta alunos, fora reduzida a um pequeno grupo de doze. O que, numa primeira avaliação, era o prenúncio de um ano como qualquer outro, rapidamente se transformou em duzentos dias letivos do mais puro inferno.

Só para contextualizar: eu sempre fui, ao mesmo tempo, o palhaço da turma, o que mais conversava e um dos que mais era expulso de sala de aula de tanto perturbar a ordem do local, mas os professores só não me odiavam pois eu conseguia, no meio dessa loucura toda, me sair com boas notas. Além disso, existia uma liderança natural em mim, que sempre me colocava em posição de *representante de classe* (ainda existe isso?). No ano de 1995, eu experimentaria tudo, menos esse prestígio costumeiro de outrora.

Houve uma mudança de paradigma, com a diminuição dessa turma. Eram apenas seis meninos e seis meninas. Três deles eram repetentes contumazes e muito maiores que eu, em idade e tamanho. Meus irmãos mais velhos não estudavam mais no mesmo colégio, meu pai não se lembrara do meu aniversário nos três ou quatro anos anteriores, e eu de repente passei a me sentir bastante angustiado. Como se não bastasse, o Matheus, meu então melhor amigo, inclinava-se cada vez mais para o lado dos malvadões, acredito que muito mais por medo do que real empatia. Do outro lado do ringue, eu e o Marcelo, os menores da turma, e que não compactuávamos em nada com aquela glamorização da maloqueiragem que começava a imperar nos colégios de Porto Alegre.

Veja bem, o Colégio Concórdia era particular, e seus alunos transitavam entre uma baixa classe média e algo um pouco acima disso, logo, eu nunca entendi por que, de repente, meus colegas estavam achando legal pintar no colégio com um boné do Charlotte Hornets roubado de alguém mais novo no ponto de ônibus. Nunca saquei muito bem o que havia de legal em ter doze anos e fumar cigarro, como se fôssemos uma caricatura bizarra de um adulto junkie.

## EU SÓ GOSTAVA DE FICAR DESENHANDO

em toda e qualquer superfície os Cavaleiros do Zodíaco e aquilo me parecia uma boa válvula de escape para toda a violência física e principalmente mental que eu vinha sofrendo e que, com a chegada do verão, parecia se intensificar cada vez mais. A minha simples falta de interesse em ficar pagando de *malvadão* junto daqueles marmanjos que eu achava tão patéticos era motivo para que eu fosse ridicularizado, humilhado e, não raramente, obrigado a me ver com os punhos cerrados, na tentativa de defender o que restava da minha dignidade daqueles que se faziam valer de sua vantagem numérica e etária para me reduzir a pó.

Contar isso hoje, quase vinte anos depois, é muito difícil, mas por outros motivos. Eu fico querendo voltar no tempo, para testemunhar, mesmo que de longe, aquelas situações e intervir na base da mais pura violência não gratuita. Hoje mesmo me pego interferindo em qualquer situação de bullying que eu testemunho pela vida, num metrô ou em frente a uma escola, pois eu sei que aquilo seria tudo que eu precisava quando eu era o alvo da violência.

Lembro que pedir ajuda para qualquer um de meus irmãos não parecia uma boa ideia. Seria como se eu assumisse para mim mesmo que era incapaz de lidar com aquilo. Contar para a minha mãe, pedindo uma intercessão por parte de professores e diretoria, então, era algo que nem sequer passava pela minha cabeça, onde já se viu?

E é justamente essa espiral de silêncio que transforma o bullying numa força tão poderosa que não raro faz uma criança tirar a própria vida.

Ao fim de mais um dia de sofrimento, agarrado em meu travesseiro, tentando adiar cada vez mais a chegada daquele próximo dia de aula que eu já sabia como seria, me lembro de fechar os olhos e me imaginar disparando toda a sorte de golpes na cara daqueles colegas. Principalmente daquele que supostamente era o meu melhor amigo — daqueles que até os pais se dão muito bem e se engajam em longas conversas na saída da escola, sem nem sonhar que eu queria ver aquele cara, se não morto, gravemente ferido.

Lembro o dia em que meu vizinho, hoje meu grande amigo Boito, me perguntou por que eu estava levando para a aula dois pacotes de bolacha. Quando ele suspeitou que aquele segundo pacote era para a tropa de filhos da puta, ele me proibiu de levá-lo. Aquela conversa me deu coragem, e naquele dia ao ser cobrado no colégio, gritei algo que não lembro direito, mas que ecoou pelos corredores do Concórdia. Eu simplesmente não conseguia mais lidar com aquilo, não aguentava mais sofrer daquele jeito e não conseguiria viver mais nem um dia se não externasse tudo que eu sentia.

Claro que as coisas não terminaram no festival de golpes que eu imaginara, agarrado ao travesseiro no dia anterior. Mas uma coisa mudou: eu não tinha mais medo deles.

Só faltavam mais algumas poucas semanas para acabarem as aulas. Não fui buscar meu boletim no final daquele ano. Eu sabia que tinha passado. Também sabia que havia uma emboscada esperando por mim na esquina da Presidente Roosevelt com a Pátria. Eles ficaram lá, chupando o dedo. Nunca mais falei com nenhum deles.

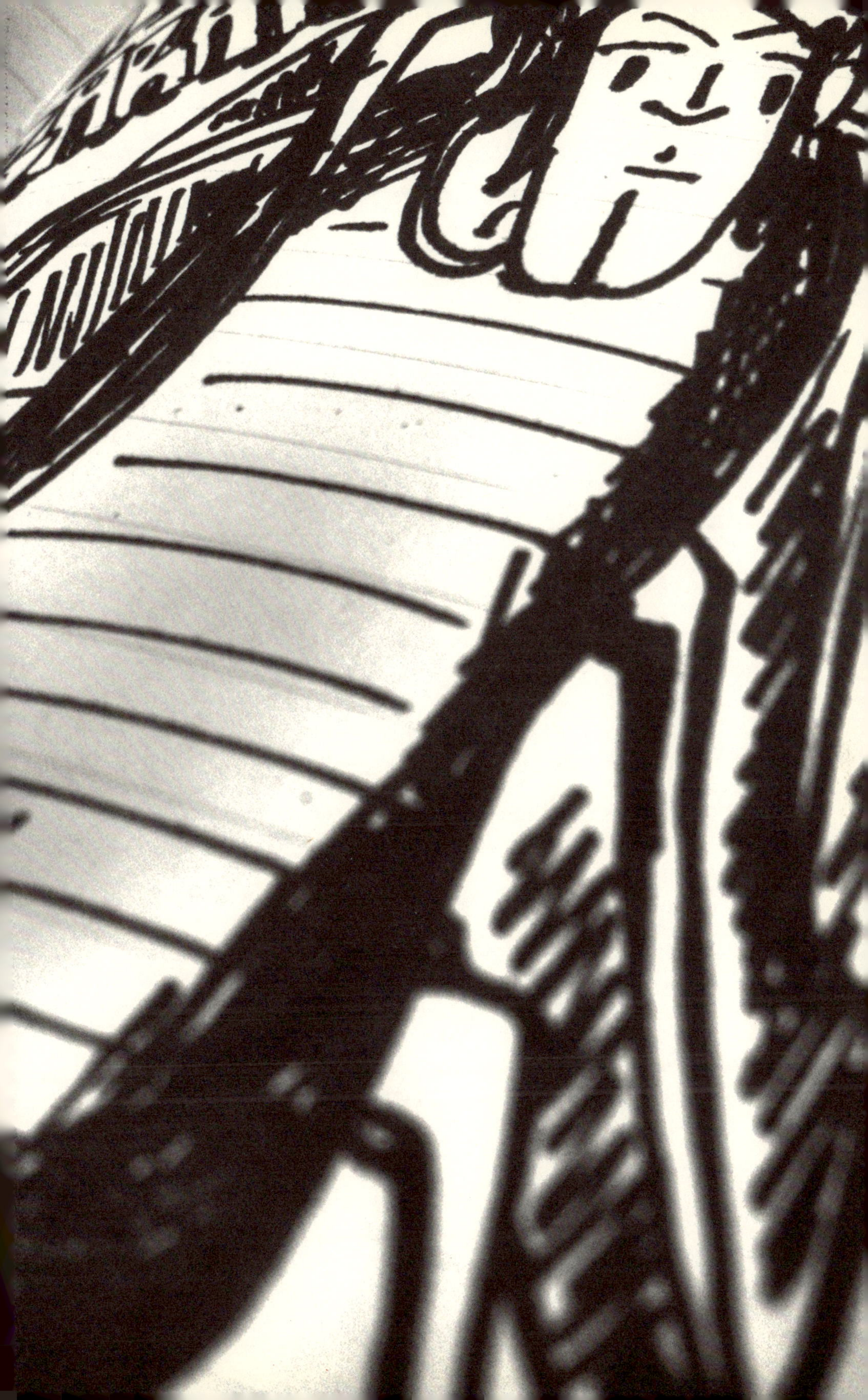

Já tive a oportunidade de ver alguns de longe, e algo dentro de mim me fazia torcer para que se fodessem muito em suas vidas por tudo que fizeram a mim e a outras pessoas. Fantasiava um momento em que eu me encontraria em uma situação em que um deles me pediria ajuda, e a negativa viria em forma de música.

Por muito tempo eu não conseguia desvencilhar a parte boa da minha infância e adolescência de tudo que me aconteceu nesse ano tenebroso.

## AQUILO ME TRANSFORMOU EM UM CARA QUE SEMPRE ESTÁ NA DEFENSIVA, que se ofende facilmente e que se coloca em posição de confronto mesmo quando isso não é preciso. É algo que procuro trabalhar até hoje, com resultados variados.

Estava com vinte e poucos e já começava a não mais me enxergar como um adolescente. Aquelas feridas já estavam cicatrizadas o bastante, e eu passei a ter vontade de escrever sobre o que senti naquele 1995, que parecia cada vez mais distante. Parecia que era outra pessoa naquele passado. Hoje consigo perceber que não somente *Infância*, mas *Quebre as correntes*, *A resposta*, *O peso do mundo* e *O que hoje você vê* falam sobre o mesmo assunto, embora em intensidades diferentes. *O Ciano* inteiro é a linha que eu usei para costurar essas cicatrizes tão antigas, mas que ainda estavam abertas.

Aquele ano teve um papel muito importante na construção do que eu sou hoje, com minhas qualidades e meus defeitos.

## A MINHA INSISTÊNCIA NA TEMÁTICA DO LIVRE-SE DE SUAS AMARRAS COMEÇOU

no *Ciano* e jamais terminou, pelo simples fato de que eu preciso me lembrar todos os dias disso, para enfrentar a minha vida e todos os obstáculos que se colocam na minha frente.

Somente no começo da minha fase adulta é que fui ter forças para falar da minha infância.

# VIDA
# (BIOGRAFIA EM RÉ MENOR)

## VIDA (BIOGRAFIA EM RÉ MENOR)

*Do alto do meu sexto andar
Eu não vejo mais o pôr do sol
Nem o rio que eu aprendi a amar*

*Mas olha onde eu fui me esconder...
Dentro da sua tevê.*

*As coisas que eu aprendi...
As vezes em que eu quase morri...
Será que eu tinha que ficar aqui?
Será que é tanto assim que eu tenho pra falar?*

*Parece que não, mas eu sei que vai...*

*Vai passar, você nem vai perceber
Vai mudar, e eu sei que vai doer... em mim.*

*Alguns amigos vão apenas sumir
E, pelo menos uma vez, uma mulher vai te trair
Mas você também um dia trairá
Vai aprender que ainda não sabe amar*

*Parece que não, mas eu sei que vai...*

*Vai passar, e eu nem vou perceber
Vai mudar, e eu sei que vai doer... demais.*

*Há muito tempo eu perdi o medo de todos os meus rivais
Eu não tenho medo de brigar
Assim cheguei aqui...*

*Há muito tempo eu aprendi que os inimigos são pra nos testar
Aprenda o que eles têm pra te ensinar*

*Pois eles sabem tudo de você.*

*Do alto dos meus vinte e seis*
*Eu tenho algo pra dizer, junto desses outros três*
*Jamais siga os passos meus, você vai ver*
*Que eu estou tão perdido quanto você.*

*Eu achava que não*
*Hoje eu sei que vai...*

*Vai passar, e eu nem vou perceber*
*Vai mudar*
*Vai mudar*
*Vai mudar*
*Vai mudar... e acabar.*

Essa letra é, na verdade, um compêndio que reúne uma porção de coisas sobre as quais eu poderia muito bem ter escrito um disco inteiro. A verdade é que são todos assuntos recorrentes nas minhas músicas, mas dessa vez o real tópico é justamente o fato de eu, em todas essas canções, estar ali falando sobre a minha vida e nada mais. Cada verso, cada refrão, cada disco é um pouquinho de vida, ali cristalizada, em sons e tons. O lugar ao qual eu me refiro quando falo do meu sexto andar é um apartamento na Paulista que eu aluguei por seis anos, tendo composto em suas dependências boa parte do que acabou virando o *Revanche* e o *Infinito*. Ele ficava no sexto andar de um prédio antigo, e tinha uma janela para a Brigadeiro Luiz Antônio e para o playground interno do edifício, em que crianças jogavam bola e gritavam absurdos umas para as outras, assim como eu mesmo fazia quando tinha a idade delas.

Essa janela me mostrava o sol nascente que chegava pelas seis da manhã me avisando que havia muito tempo já passara a hora de dormir. Esse mesmo sol costuma se pôr na Paulista bem antes do que em outros lugares, pois os prédios escondem dos nossos olhos o restinho de entardecer que só enxergam os endinheirados em seus andares elevados e vistas desimpedidas por outros prédios. **ESSA É UMA DAS PRIMEIRAS COISAS QUE ME MARCARAM NA MINHA CHEGADA A SÃO PAULO: O FATO DA CIDADE NÃO TER FIM.**

Porto Alegre, para mim, sempre terminava, de um lado, no Guaíba, e de outro, no morro Santa Tereza. Na verdade, ela não termina exatamente ali, mas a gente pode ver o fim dos prédios, a urbanidade perdendo densidade logo ali, coisa que não acontece em São Paulo.

A minha janela é virada para dentro, e isso faz com que minhas mais tenras memórias de pôr do sol sejam aquelas da infância, do Guaíba, de uma Porto Alegre já distante oito anos de mim, mas ainda lá, sendo minha eterna referência de casa e cidade.

E, se é para cantar uma música que, basicamente, está resumindo tudo que eu aprendi nessa vida, nada mais justo do que reunir nessa mesma canção todas as nuances de todos os tipos de música que eu aprendi a fazer, dosando-as conforme pede a letra de uma forma que, ao final de seus mais de seis minutos, a pessoa não saiba se aquilo era uma música, ou três, ou quatro. Se existe uma coisa em que nossos pais sempre tiveram razão, é que aquele joelho ralado vai cicatrizar e que, em poucos dias, nem lembraremos mais qual era o joelho machucado. Algumas feridas mais profundas deixam cicatrizes que a gente mais ostenta como troféus do que como chagas que nos trazem descontentamento e angústia, justamente porque o descontentamento e a angústia já passaram.

As pessoas passam pela nossa vida e, como arados, deixam abertas em nós essas marcas, boas e ruins, e elas têm sempre a opção de, nessas pequenas valas, depositarem sementes. Essas sementes, se bem cuidadas, tornam-se enormes e frutíferas árvores, às vezes tão grandes que, do alto delas, podemos sempre enxergar, mesmo que de longe, essas pessoas. São os laços que nos unem e que nos mantêm eternamente ligados de maneiras que a ciência ainda briga para explicar. E mesmo se, do alto dessas árvores, a nossa vista não for das melhores, a gente tem em suas monumentais proporções a prova viva de que já passamos por muitas coisas.

## O TEMPO SÓ ACUMULA, E A GENTE AINDA NÃO SABE SE TEM MAIS PASSADO OU FUTURO A SER VIVIDO DAQUI PARA FRENTE.

No entanto, em certo ponto dessa composição, me lembro de ter entrado num processo de autocrítica do qual não saí ileso. Percebi que, mesmo quando nossos pais dizem que aquela dor no joelho ralado vai passar, eles mesmos experimentam, no fundo de suas almas, suas próprias dores, infinitamente mais profundas que o arranhão na pele da criança. É quando percebi que cada dor sobrevivida é um estágio que nos prepara para dores maiores e que, nesse processo infinito de cair e levantar-se, a gente evolui, mesmo quando não mais existe em nossa vida alguém que nos estende a mão e nos abraça dizendo que *vai passar*. Por isso, me senti obrigado a colocar um adendo àqueles versos, deixando claro que não me encontrava ali como o conselheiro que tudo viveu, e sim como parte dessa confusão toda da qual a gente jamais sabe se vai sair vivo. Eu estou tão perdido quanto você.

Chegando ao estúdio com essa música em mãos, me lembro de jamais ter sentido tanto orgulho de algo que eu havia criado. *Vida* era nada menos que a mais ambiciosa canção que eu já fora capaz de fazer, e eu tinha certeza de que aqueles mais de seis minutos mudariam os rumos da Fresno como banda e como criadores de música. Ao apertar o play daquela demo no luxuoso sistema da sala A do Midas, estúdio do Rick Bonadio, me lembro de ser interrompido pelo próprio depois de pouco mais de um minuto de canção. *Nossa, mas que música chata... pelo amor de Deus!* — disse ele, fazendo sinal para passarmos para a próxima demo, antes mesmo da música chegar ao segundo refrão. O próximo momento ficou marcado por afirmações do tipo *vocês usam muitos tons menores, o Brasil é um país tropical, e as pessoas querem pular, querem melodias felizes, não querem se lembrar dos seus problemas e ainda é muita arrogância de vocês acharem que podem fazer uma música chata de seis minutos...* — dos quais ele havia ouvido apenas um — *e continuar fazendo sucesso.*

Eu não discordei de nenhuma das afirmações dele, até mesmo porque todas eram verdadeiras.

Sim, os tons e as escalas menores foram encomendados pela Igreja aos grandes maestros pioneiros da música moderna justamente para harmonizarem com momentos de uma missa em que o assunto era triste. É por isso que uma pessoa leiga ouve uma simples sequência de acordes no piano e sabe dizer instantaneamente se aquilo a deixa triste, feliz, esperançosa ou tensa. Em boa parte das minhas

dono a Kmı de
istância, A ~~presença~~
~~essa~~ herança de um
empo de trevas é
ermanente no semblant
s cães. As suculentas
ssas do restaurante
rã-fino não lhes fica do
lhar. O desolamento.
~~vem a noite~~
e-se mais vivos que
idos, na terra ondese
mais cemitérios que
ares.

músicas, eu estou justamente falando sobre coisas tristes, esperançosas e tensas, deixando a felicidade para quem tem o dom de versar sobre ela, coisa que no nosso país é mais do que abundante.

Sim, o Brasil é um país tropical e é muito legal pular ao som de uma música alegre e pulsante, com melodia feliz e que nos faz esquecer os nossos problemas por uns dois minutos... Isso também é verdade, mas não explica a existência e o sucesso de gente como o Cazuza, ou o Renato Russo, ou o Nirvana, para ficarmos só nos medalhões. São caras que falam sobre o que dói, sobre o que incomoda, sobre o que as pessoas que estão felizes não lembram que existe naqueles minutos em que estão pulando de alegria ou enchendo a cara com os amigos. Eu acredito que é preciso também falar sobre o pensamento que nos acomete por inteiro quando estamos no ônibus, no metrô ou com a testa apoiada no vidro de uma janela, observando o caos de um dia nublado, quando lembramos de alguém que se foi ou que ainda está aqui, mas não ao nosso lado. Essas são coisas tão pertencentes e tão importantes à nossa vida quanto a felicidade. É justamente a aceitação da existência desses momentos, desses tons menores, que nos dá a dimensão e a sensação de raridade que somente a felicidade genuína tem.

E, finalmente, sim, existe uma aura de arrogância na simples atitude de acreditar que uma música dessas vai fazer sentido para alguém, principalmente se levarmos em consideração que, nos últimos quinze anos, as rádios, as gravadoras e as televisões cada vez mais incutem no cérebro das pessoas que uma música deve ter apenas três minutos, uma introdução de oito compassos e um refrão que deve ser repetido duas, três ou quantas vezes. E eu não tenho nada contra esse padrão, pois sei que ele comprovadamente é eficaz e inúmeras canções que eu escrevi encaixam-se nele (e os Beatles mudaram o mundo com várias músicas que nem mesmo chegavam aos dois minutos). Mas eu luto de verdade pelo reconhecimento dos outros formatos de música.

## SIM, ELA VAI ESTAR NO FINAL DO DISCO (MAS QUEM OUVE DISCOS HOJE EM DIA?),

ela não vai se tornar um single e muitas pessoas, assim como o Rick, não vão nem chegar ao segundo momento da canção, em que esbravejo que *eu não tenho medo de brigar / assim cheguei aqui*. É um verso arrogante, de autoafirmação, algo que escrevi para me lembrar de que não foi fácil chegar aonde chegamos e que vai ser mais difícil ainda irmos até onde queremos chegar. Um verso que eu canto na minha cabeça toda vez que penso em desistir de tudo, momento que não é lá muito raro.

Acabou que essa música não entrou para o *Revanche*, disco para o qual ela nasceu. Foi transferida para o álbum seguinte, o *Infinito*, este, sim, produzido inteiramente por nós, mas não sem antes ter sido lançada em piano-e-voz no projeto *Visconde*, que eu criei justamente para não esquecer que ela existia. Assim que ela foi lançada nesse projeto, a reação das pessoas foi tão incrível que eu não tive dúvidas de que ela teria seu lugar no nosso próximo disco. E *Vida* não foi a única canção que foi "ceifada" na seleção de canções para o *Revanche*. O mesmo aconteceu com *Deixa o tempo, parte 1*, *Diga, parte 1* (que também foi lançada via *Visconde*) e *Porto Alegre, parte 1*. Tanto *Deixa o tempo* quanto *Porto Alegre* estão no *Revanche* em versões reescritas e rearranjadas, combinadas com trechos de outras partes de músicas incompletas, às quais eu também sou muito apegado, mas que não refletem o sentimento inicial, a faísca que fez essas músicas existirem. Na hora, doeu, mas algo me dizia que aquilo ia passar.

# A GENTE MORRE SOZINHO

## A GENTE MORRE SOZINHO

*Queira afastar as crianças*
*Protegei de todo o mal*
*Peguem suas armas, armem suas lanças*
*Digam adeus ao que é normal*

*Começamos, e não tem mais volta*
*Agora todos estão sozinhos*

*Não se esconda, mas tenha medo*
*Quase ninguém sobreviveu*
*Deixa eu te contar esse segredo*
*Quem começou isso fui eu*

*Começamos e não tem mais volta*
*Agora todos estão sozinhos*

*Esse sorriso é de mentira*
*Quem é que nunca acreditou?*
*Fazemos isso na tentativa*
*De contentar com o que restou*

*Saiba, amigo... a única resposta agora:*
*A gente morre sozinho*

*Quem vai lutar pela gente?*
*Quem vai tentar nos salvar,*
*Se agora eu olho pra frente e não consigo caminhar?*
*Quem vai mostrar o caminho?*
*O pesadelo é real!*
*Quando estamos sozinhos, não existe bem e mal...*

*Perguntaram para mim*
*Pra onde eu vou*

*De onde eu vim*
*E eu respondi com um olhar*
*Pedindo ajuda, sem encontrar*

*E é de mentira, essa canção*
*Um coração não se faz com a mão*
*Ele não sabe, nunca viveu*
*Pois o Diabo lhe protegeu*

*Enquanto pintavam os muros de sangue pra vender jornais*
*E eu testemunhava o grito agonizante dos que não vivem mais*

*Verdade... quem é capaz de conviver com ela?*
*Vontade... de, um dia, jogar tudo para o ar*
*E viver, sabendo que não há nada depois*
*Viver sem esperar por quem não existiu...*

*Quem vai lutar pela gente? Você não vê que estamos sós?*
*Quem é que vai nos salvar? Cadê seu Deus?*
*Se agora eu olho pra frente e não consigo caminhar...*
*Quem vai me mostrar o caminho? No fim de tudo, somos nós*
*O pesadelo é real? Cadê seu Deus?*
*Quando estamos sozinhos, não existe bem e mal...*

*Voltem para as suas casas!*
*Ninguém vai nos salvar!*

*Voltem para as suas vidas, se é que há algo lá*
*Acredite em mim: acredite em você*
*Vai chegar o fim e ninguém vai socorrer.*

No meu aniversário de vinte e oito anos, em 2011, uma grande amiga disparou: *é bom você se preparar para o seu Retorno de Saturno.* Eu me lembro de, após uma ligeira explicação dela sobre esse período que começa no quinto ciclo de sete anos da nossa vida, enfiar minha cara no Google e dissecar tudo sobre o assunto. E, sim, Saturno não apenas estava retornando, como ele vinha com tudo. *Grosso modo*, acredita-se que o final do nosso primeiro ciclo de vinte e oito anos é marcado por incertezas e angústias, que a gente costuma chamar de *crise dos trinta*. É quando a gente consegue parar um pouco para pensar aonde chegamos e, principalmente,

## QUANDO PERCEBEMOS QUE TODAS AS NOSSAS ESCOLHAS DALI PARA A FRENTE REFLETIRÃO INTENSAMENTE NO CURSO DE NOSSAS VIDAS.

É quando a gente questiona convicções que sempre nos foram firmes como rochas e passa a entender que não é a vida que acontece sozinha, e sim nós que a fazemos acontecer, justamente com as nossas escolhas. Aí é que está: todos os dias somos acometidos por toda sorte de situações em que somos obrigados a escolher. Podem até ser escolhas bestas como a quantidade de açúcar no café (nem tão besta assim, pois cada colher a mais vai te tirar uns diazinhos lá na frente), mas me desespera cada milésimo que minha mente perde em pensar nas consequências dessas escolhas, tão inevitáveis quanto o passar dos dias.

Nunca tive grande proximidade com meu pai, em especial enquanto criança. Meus pais se divorciaram antes que eu pudesse registrar memórias de como é ter pais casados. Ele nunca sumiu, mas também não era o pai mais presente do mundo. Por muitos anos, ele representava algo como uma figura arquetípica de um pai: uma barba cerrada e áspera, roupas que exalavam em doses iguais o cheiro de perfume Polo com cigarro e festa da noite anterior, dúzias de piadas engraçadas, repletas de palavrões e relatos hilariantes de aventuras inacreditáveis regadas a uísque barato e espírito audaz.

Nesses primeiros anos, em que meu pai era apenas essa figura que aparecia em datas comemorativas e me levava para passear com meus irmãos, a real paternidade acabava por ser um fardo dividido pela minha mãe e meus irmãos mais velhos. Cabia a eles me levar nas primeiras escolinhas de futebol, me ensinar os primeiros acordes no violão, me ajudar com a tarefa da escola... E assim foi até o momento em que eu já tinha a independência de caminhar desacompanhado pelas calmas ruas do meu bairro.

Com uns doze ou treze anos, acredito que devido ao inquebrável laço que une pai e filho, passei a visitar meu pai no trabalho praticamente todos os dias. Muitas vezes eu chegava antes que ele e lá ficava em sua mesa, fingindo que trabalhava, o que inspirava muitas brincadeiras por parte de seus companheiros. Coisas do tipo *e aí, Nilinho* — o nome do meu pai é Nilo — *tem um monte de bronca pra tu resolver hoje, aqui ó...* — apontava algum daqueles tiozinhos para uma pilha de processos burocráticos em andamento e com prazo apertado para serem resolvidos.

Essa reaproximação, mesmo que tardia, propiciou minhas primeiras oportunidades reais de ter uma verdadeira *conversa de pai e filho*. Muitas delas aconteciam em reuniões que fazíamos às quintas-feiras na casa dele, com sua então nova mulher e filha. Numa cozinha apertada e impregnada de cheiro de Hollywood vermelho, eram preparados os jantares que embalariam aqueles encontros que invariavelmente perduravam madrugada adentro, ao som de cassetes dos Gipsy Kings e divagações sobre a vida.

Nessa época meu pai ainda bebia — bastante — e num desses tragos infernais, ele foi tomado por um sentimento ruim. Um híbrido entre uma angústia pelo tempo de convívio perdido e um arrependimento por, durante tanto tempo, não ter sido um pai muito presente. Eu não gostava desses momentos, mesmo que concordasse com ele. Ele tinha, sim, que estar arrependido por ter deixado a criação e a educação de três crianças totalmente nas mãos da minha mãe, mas, ao mesmo tempo, eu não consigo ter rancor em relação a isso. Meu pai é tão louco que as forças do destino, sozinhas, fizeram-no esperar a gente ser mais crescido e maduro para começar a conviver mais assiduamente. Com quinze anos, a gente já é capaz de aceitar que nossos pais não são os imaculados super-heróis que construímos enquanto crianças e, somente assim,

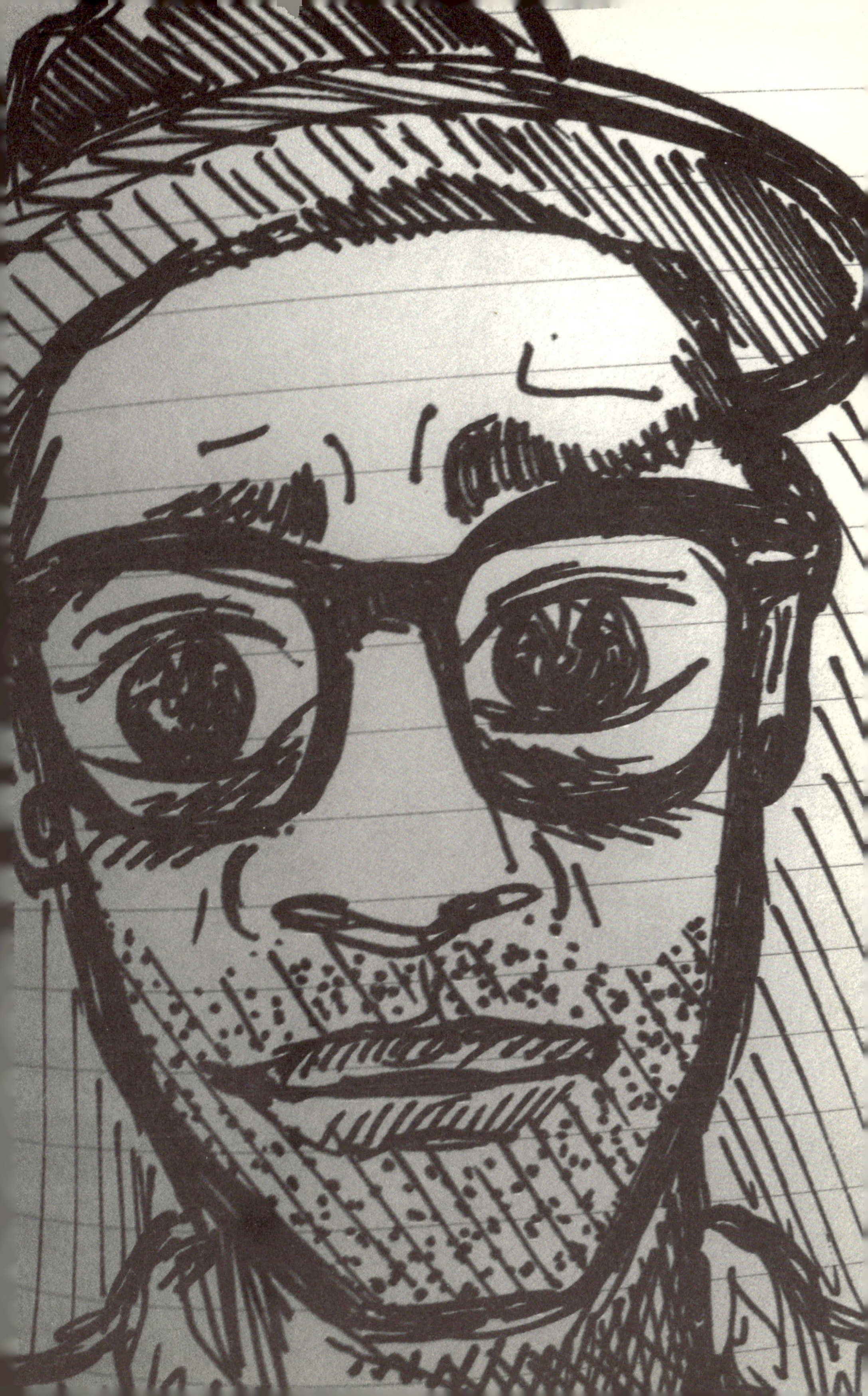

podemos, de fato, aprender com eles, com seus erros e acertos.

Num momento em que parecia que a gente podia cortar o ar com uma navalha, de tão tenso e pesado que estava o clima, meu pai proferiu a frase que gerou uma música, muitos anos depois. *Vamos aproveitar ao máximo todo o tempo que estamos juntos, e fazer desse tempo o melhor possível, pois daqui não levaremos essas pessoas, nem esses momentos. A gente morre sozinho.*

Em uma misteriosa sinapse, quase quinze anos depois, essa memória retornou em forma de música. Um lamento pesado que relata boa parte das dúvidas que pairavam sobre a minha cabeça naquele começo do meu Retorno de Saturno. A Fresno tinha começado como uma brincadeira de fim de semana. Nosso objetivo primordial era ser a melhor banda do Festival de Música do Colégio Pastor Dohms, e nada mais. No entanto, a gente nunca teve vontade de parar. Foi daí para o underground, para as cidades vizinhas, para a internet, para outros estados, para o rádio, para a tevê, para o mundo, para grandes corporações capitalistas e enormes festivais, para as multidões... Mas quem estava lá no primeiro dia comigo sabe e jamais se esquece de que, por detrás da brincadeira de fim de semana, **EXISTEM APENAS BOAS INTENÇÕES.**

Divertimento, descoberta, expressão, experimento, catarse, cura, ego, time e pertencer a algo: tudo é parte de uma inacreditavelmente longa e reveladora viagem. O que dizia respeito apenas àqueles moleques que preferiam passar tardes ensolaradas de verão suando numa garagem a curtir um parque, um clube, uma praia (distante cem quilômetros da capital), passou a importar para uma incontável quantidade de pessoas, nem todas elas dotadas de bons corações.

E, ao longo desses quinze anos, tudo que aprendi através de cicatrizes na pele e na alma pode ser contado através das minhas músicas, como um diário vivo, mutante, público e perene. Essa música é nada mais do que um rancoroso relato de uma cicatriz recém-entalhada aos vinte e oito anos: o já avançado estado de putrefação dos laços que nos ligavam ao nosso então empresário.

## TAMBÉM ERA GRITANTE O MEU DESÂNIMO EM VER NOSSA CRIAÇÃO SENDO TRATADA COMO UM POTE DE IOGURTE PRÓXIMO DE SUA DATA DE VALIDADE.

Eu estava confessamente revoltado e isso se traduz em cada acorde da música, que nasceu desse poema que, dia desses, encontrei em meus cadernos e que acabou virando o *Manifesto* que acompanhou o lançamento do *Cemitério das boas intenções*.

*Trancaram-nos aqui.*

*Aqui onde vivemos a respirar o mesmo ar*
*Aqui onde dividimos o que roubamos da nossa*
*Terra-mãe.*

*Por que todos aqui? E por que tantos, aqui?*

*Aqui onde amamos nossos semelhantes*
*Com a mesma intensidade que odiamos os que são*
*diferentes.*

*Aqui a gente briga pelo que não é nosso*
*Aqui, onde a gente acumula o que não nos*
*pertence*
*Para que os que nada possuem permaneçam nada*
*possuindo.*

*E para sair daqui?*
*Um portão, e ele não abre para os dois lados*

*Saibamos, então, antes que seja tarde demais, que*
*O bisturi vai ler em nossa pele*
*A perfeita transcrição do que está entalhado em*
*nossa alma.*

*E assim veremos:*

*A gente morre sem dinheiro.*
*A gente morre sem amor.*
*A gente morre sem amigos.*
*A gente morre sem sucesso, sem fracasso, sem*
*passado, sem futuro.*
*A gente morre sem emprego, sem carro, sem*
*medalhas no peito.*

*O que está prostrado na maca é o elo perdido entre
o Humano e o Animal.*

*A gente morre sem rosto.
A gente morre sem corpo.
A gente morre sem nada.*

*A gente morre para que, naquele hesitar entre o
último pulso
E o fechar de nossas pálpebras,
Possamos ter um único segundo de paz.*

*Trancaram-nos aqui. E daqui não sairemos juntos.*

*A gente morre sozinho.*

*E hoje, no auge do funeral dos nossos sonhos
Depositamos aqui mesmo as nossas boas
intenções.*

*Trancaram-nos aqui.*

*E daqui não sairemos vivos.*

# NÃO LEVE A MAL

## NÃO LEVE A MAL

*Não leve a mal, se tudo que eu posso fazer*
*É, de longe, observar você*
*Sumindo da minha vida*

*Não leve a mal*
*Seus passos eu não vou seguir*
*Destino é tão longe daqui*
*Essa não é a saída...*

*Não leve a mal se o que eu quero é voltar*
*O mundo real ainda é o meu lugar*
*Não se vá*
*Não assim, não agora.*
*Não leve a mal.*

*Não leve a mal*
*Se eu não pude fazer igual*
*Eu tenho tanto pra viver, sem você aqui comigo*

*Não leve a mal*
*Se eu não quis alçar voo ao céu*
*Eu fico aqui a te esperar*
*Você vai... chover!*

Essa é uma música que quase ficou de fora do *Revanche*, que, na verdade, surgiu da "reciclagem" de um embrião de canção que eu havia criado com o Tavares anos antes, em tempos de *Redenção*. Pouca coisa se manteve na metamorfose que transformou aquele embrião numa das faixas mais tristes do disco de 2010, fora o verso *Não leve a mal* e as notas usadas para cantá-lo. Até 2009, era uma canção de amor, ou de desamor, de um cara que estava desistindo de alguém, "jogando a toalha", como se fala no jargão do boxe.

A doença da alma que entendemos por depressão e as mazelas que ela incute em quem sofre dela e nas pessoas que a rodeiam é um caminho dos mais tristes que a história de uma vida pode tomar, e nem por isso pouco comum.

A incapacidade de enxergar nesse plano físico razões que justifiquem o dormir-e-acordar pode parecer intangível para quem não sabe o que é ser acometido por esse mal, e são justamente essas as pessoas que proferem todo tipo de absurdo, desprovidas de qualquer empatia com o sofrimento alheio.

## SEM PEDIR, EU SEMPRE PEGO EMPRESTADO UM POUCO DA DOR DAS PESSOAS,

e talvez seja justamente isso que me fez, desde cedo, encontrar em mim mesmo maneiras de conviver com essa dor.

Os golpes da vida atingem, machucam, deixam abertas feridas aparentemente incuráveis numa primeira análise, mas algo sempre me diz que aquilo vai passar, pois já passou outras vezes. No entanto, todas as vezes que tive que me confrontar com a depressão, mesmo que essa não fosse minha, mas em pessoas que me cercam, a racionalização sempre me fugiu, e os problemas parecem ser instransponíveis barreiras que nos roubam todo e qualquer traço de esperança. Daí surgiu essa *Não leve a mal, parte 2*. Nela, eu relato que, mesmo que a ausência de uma pessoa possa quase me acabar com a vida, eu jamais teria coragem de terminar o serviço, tirando de minhas veias o último mililitro de sangue pulsante que falta para tudo terminar.

Por isso, o lamento. De não poder estar junto do outro lado. De ser condenado a observar daqui a ida de alguém que amamos com a intensidade de um maremoto.

Muito já fui perguntado a respeito de um verso específico dessa música: a parte em que, já sufocando o grito, esbravejo o fatídico *você vai chover*. **A EXPLICAÇÃO É MAIS SIMPLES DO QUE MUITOS FÃS JÁ ESPECULARAM.** Quando confesso que eu não quis alçar voo ao céu, fica implícito que a pessoa se foi e eu fiquei para trás, confiando à chuva a tarefa de trazê-la de volta, mesmo que aos poucos, em doses homeopáticas, a cada temporal que castigasse a Terra.

Briguei muito para que *Não leve a mal* fosse uma das músicas de trabalho do *Revanche*. No entanto, o tempo que um disco precisa para ser explorado em sua totalidade não coincide com o tempo do mercado da música, muito menos com o tempo da minha inquietude de compositor. Álbuns que levamos meses para aprontar já me parecem velhos poucos depois, causando em minhas mãos a "coceira poética" de escrever e compor mais canções, e fazer dessas canções novos discos, planos e histórias a serem vividas. Quando vi, já estávamos escrevendo o material que, mais tarde, seria o *Cemitério das boas intenções* e, consequentemente, a ideia de fazer de *Não leve a mal* uma música de trabalho da Fresno foi se afastando. No entanto, tenho certeza de que para muitas pessoas ela tem a mesma importância que tem para mim.

Hotel —

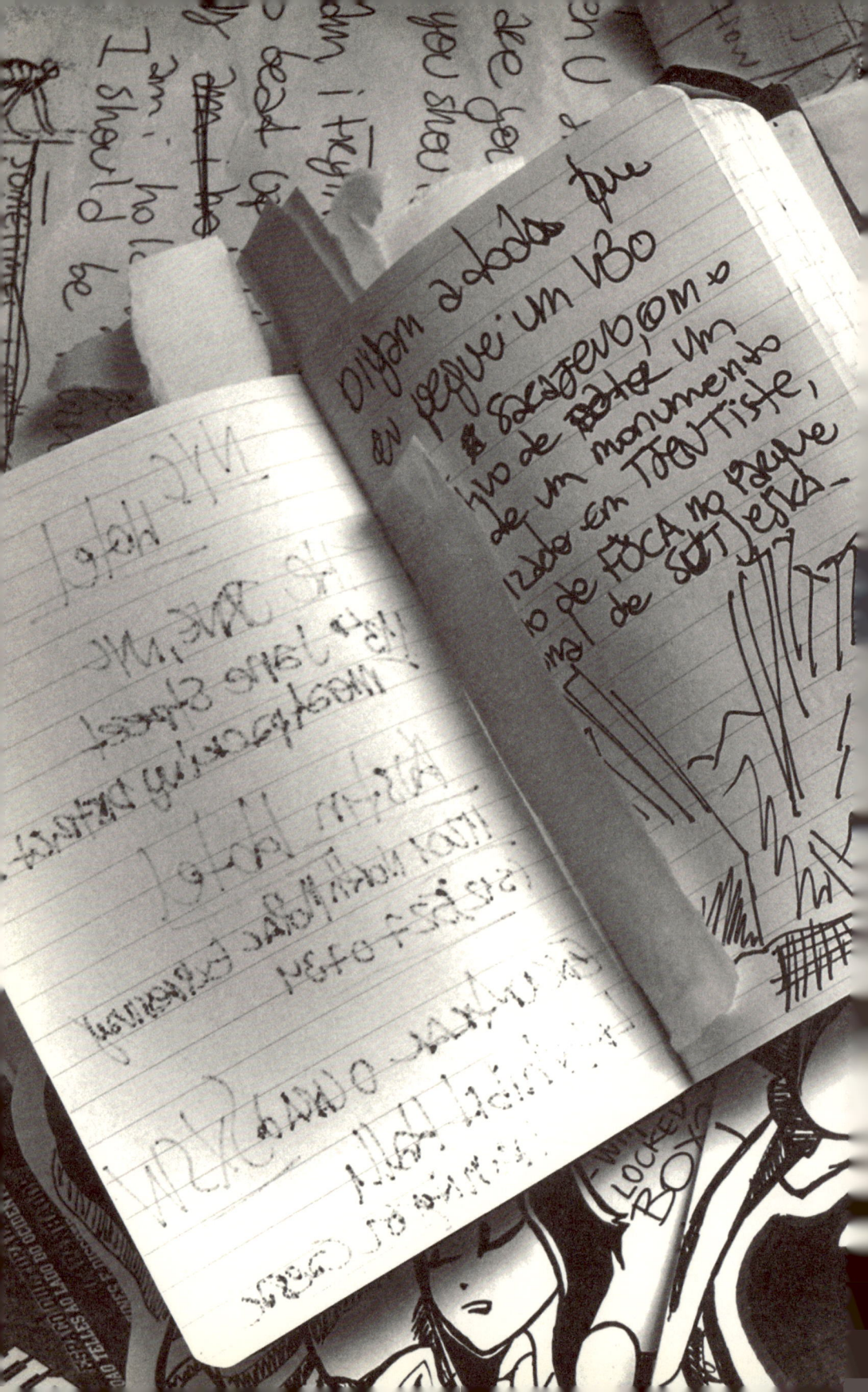

NYC NY
45 Jane Street
Meatpacking District

Hotel
1007 Lexington Av.
212-535-0731

Avenue of the
Americas

Cheguei, o cara
trabalha ou casa

Obrigam a todos que
eu peguei um USO
SARGENTO BOM
tivo de bater um
de um monumento
izado em TROUTISTE,
to de FOCA no peque
mal de SCOTT JESKA.

LOCKED
BOX

CODE:
02X8W2F
Cijena/ Price:
5,00KM/ h
Hvala što koristite naše usluge
Thank you for using our services
U cijenu uračunat PDV.
VAT included
S/N 001908
ADVICE TO INTERNATIONAL
Passengers on a journey involving
SEXTA-FEIR
PATROCÍNIO:
SWEET SALT
ITATI
ÁGUA MINERAL
SEXTA, 19.03 - 22H - R$7
CROCO (PLINIO, 75)
APOIO:
Bitte hier entwerten
Please validate your ticket
VBB

# DUAS
# LÁGRIMAS

## DUAS LÁGRIMAS

*Uma lágrima rolou do meu olho ao perceber*
*Que era a última vez em que eu ia ver você*

*Outra lágrima rolou, dentro do meu coração*
*Ao ver a velocidade com que as vidas vão, em vão*

*Quando eu menos esperei*
*Nada mais eu encontrei*
*Havia desaparecido a lágrima que eu chorei*

*Mas aquela que escorreu*
*No meu peito, lá ficou*
*A gota de gosto amargo com o frio cristalizou*

*E eu quero saber como proceder*
*Pra esquecer da tua voz, do teu viver*
*Porque eu apenas quero caminhar*
*Sem ter que olhar pra trás*
*E ver você vivendo em paz...*

*E você sabe que eu já sofri demais aqui*
*E não vejo a hora de poder ficar junto de ti*

*E onde você estiver, estarei em coração*
*E em alma e espírito, através dessa canção*

*Enquanto a sua ida puder fazer alguém chorar*
*É sinal que a sua vida ainda não deve acabar*
*Mas se não há saída, eu posso apenas imaginar*
*Como seria a minha vida sem a sua pra me alegrar*

A morte, prematura ou não, de pessoas que nos cercam é sempre difícil, pois mesmo se a maneira que encontramos de lidar com isso seja a total e irrestrita indiferença, ela também é sinal de que chagas profundas se acentuam dentro da alma. Quando eu era criança, me lembro de ouvir os adultos falando sobre alguém que se foi, algum parente meu, daqueles bem velhinhos, e não entender o que, de fato, significava a morte. Na minha mente infantil, existia aquela sequência lógica de uma pessoa que envelhecia, começava a ficar mais esquecida, passava a fazer movimentos estranhos com a boca murcha, como se ruminasse, até que, algum tempo depois era confinada a uma cadeira de rodas e aparecia na rua apenas para aproveitar uma réstia de sol ao entardecer de algum domingo qualquer.

## EU NÃO CONSEGUIA CONCEBER A IDEIA DE ALGUÉM MORRER JOVEM.

Até mesmo o meu primo Carlos Felipe, o Caípe, um pequeno gênio que nasceu com um sério problema no coração e que, guerreiro que era, resistiu até os doze anos, foi protagonista de uma história da qual eu fui muito protegido, ou então não tinha maturidade o suficiente para entender. Só lembro que, de um ano para o outro, ele não existia mais, e havia se tornado apenas um assunto agridoce que pipocava nos almoços de domingo na casa dos meus tios, mas não lembro de realmente processar de maneira racional a sua morte. Era algo que eu sabia que tinha acontecido, mas não entendia direito.

Quando eu já tinha uns doze ou treze anos, aconteceu com o Kalil, um molequezinho da minha rua, três ou quatro anos mais novo que eu. Eu me aproveitava da idade maior para contar a ele e aos outros moleques da rua todo tipo de mentiras. Eu vendia desenhos que eu fazia para Kalil e seus amiguinhos, que eles pagavam com Tazos ou cards do Campeonato Italiano de Futebol. Também convenci Kalil durante uns seis meses que eu, de fato, era o próprio Seiya, o grande Cavaleiro de Ouro da constelação de Pégaso e que, por causa disso, ele deveria seguir à risca o meu cronograma de treinamentos e missões caso quisesse ser um de nós. *Dá uma volta no quarteirão que eu vou cronometrar, aqui... se fizer abaixo de dois minutos, vai ganhar a armadura!* e ele saía em disparada, correndo como um raio, fazendo levantar do chão das calçadas as folhas que as velhinhas tinham preguiça de varrer no inverno.

Kalil foi outro que adoeceu, descobriu-se com um tipo raro de leucemia e para quem eu não pude dizer adeus.

Já no ensino médio, foi a vovó Rosa, mãe do meu pai. Um tipo de anjo com olhos cor de violeta, que já caducava desde os anos oitenta, não resistiu à insuficiência de seu fragilizado organismo e nos deixou numa quarta-feira, fazendo com que eu abandonasse uma aula de geografia e fosse ao encontro de dezenas de parentes cujos nomes eu desconhecia, mas que se lembravam de mim ainda pequeno, no colo da minha mãe, nos velhos verões passados em Mostardas.

Depois foram outros, e mais outros, e mais outros... são tantos, que a mente desenvolve um mecanismo para que consigamos seguir em frente com os nossos dias, não esquecendo essas pessoas, mas guardando suas memórias em áreas de mais difícil acesso, para a nossa própria proteção. Mas foi apenas após o trágico acidente de carro que levou o Tiago, um cara do meu colégio do qual eu nem era muito próximo, mas que muitos amigos meus eram, que as duas lágrimas surgiram. Ao saber do horário de seu funeral, eu vesti qualquer roupa, peguei meu skate e fui ao ponto de ônibus iniciar uma jornada de uma hora e meia e duas conduções rumo ao cemitério onde estavam dezenas de jovens iguais a mim, familiares atônitos ainda em estado de choque e crianças pequenas que, assim como eu na minha infância, não entendiam muito bem o que estavam fazendo ali. Eu, já mais adulto que criança, pela primeira vez, tive a real dimensão do rombo que uma vida abreviada deixa nas pessoas, do quão antinatural é um pai enterrar o filho...

## PRECISAVA DIGERIR AQUILO TUDO DE ALGUMA FORMA.

E foi ao final daquela tarde chuvosa de sábado que eu vim com os primeiros versos de *Duas lágrimas*. Cunhei essa expressão para descrever os dois tipos de lamento que a gente tem na vida: aquele momentâneo, no calor da hora, do desespero repentino ou da tristeza de ocasião, aquele que passa e que a vida nos faz esquecer pois precisamos seguir em frente. E aquele outro, que às vezes nem transborda em lágrimas, mas acumula dentro de nós, quase como um câncer, uma angústia amarga e perene, que às vezes nem sabemos que existe, de fato, até sermos expostos a ela. É sobre essa segunda lágrima que eu quis falar nessa música. É essa vontade repentina de deixar tudo e partir daqui, e a tristeza de se ver incapaz de fazê-lo.

**É QUANDO PERCEBEMOS QUE É HORA DE NOS ATERMOS ÀS MEMÓRIAS QUE FICARAM** e de olharmos para os que ainda não se foram tendo em mente que aquela pode ser a última vez que os vemos. A segunda lágrima é o choro que, de tão denso, não sai pelos olhos.

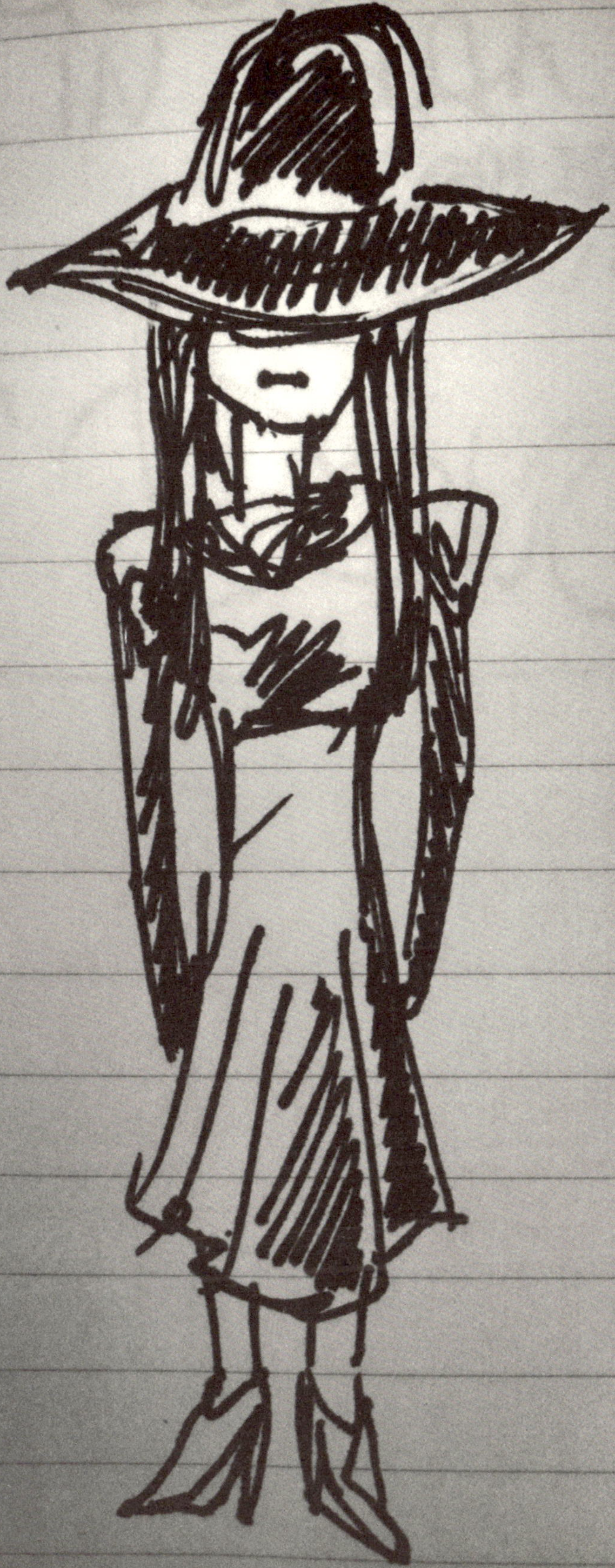

# SONO PROFUNDO

## SONO PROFUNDO

*E agora que você compôs essa canção*
*Esvaziou o ódio do seu coração*
*Viu que não é assim que você vai parar de chorar?*

*E teus olhos não conseguem nem mais se fechar*
*Se toda vez que fecham, te fazem lembrar*
*Memórias que a mente insiste em guardar pra te fazer chorar...*

*Pare de chorar*
*Feche seus olhos e durma*
*E vá sonhar*
*No seu sono profundo*

*Você, sem querer mais acordar*
*Quer um sonho que você nunca sonhou*
*E uma razão pra voltar a amar*
*Aquele que nunca te amou*

*Então deixa eu cantar*
*Pra você dormir*
*E nunca mais acordar do sonho que eu fiz pra ti*

Eu demorei demais para namorar. A adolescência passou como um temporal, rápida e dolorida, mas foi tudo tão fugaz que, quando dei por mim, já estava na faculdade. Eu sempre elaborava dentro de mim paixões tão intensas quanto impossíveis e, durante boa parte da minha vida, isso foi o que eu defini como *normal*. Para mim, o amor não correspondido era o padrão, e eu não queria saber — nem imaginava a existência — de um outro jeito de se viver.

## MAS CHEGOU UM TEMPO EM QUE EU PAREI DE FUGIR DOS ROMANCES QUE O DESTINO COLOCAVA EM MEU CAMINHO

e resolvi viver o primeiro de verdade, meu primeiro namoro sério, uma situação que eu tinha dificuldade de assumir até mesmo para mim, pois simplesmente não estava acostumado. Quando Herbert Vianna fala que *saber amar é saber deixar alguém te amar*, ele está coberto de razão. Mais do que enviar para o Universo seus sinais, você deve estar apto a recebê-los, e saber o que fazer com eles. Quando a gente vê, está acumulando toneladas de piadas internas, planos em comum, posses (discos, roupas, animais de estimação), e fica cada vez mais difícil usar a primeira pessoa do singular na hora de compor qualquer frase que seja.

Ela tinha seus problemas, tão profundos quanto os meus, e tão previamente resolvidos, ou "resolvíveis", quanto os meus. Sabe quando você precisa de alguém que te faça enxergar que você não é feio, nem burro, nem azarado? Às vezes não temos essa pessoa por perto, e é justamente quando não a temos que acabamos por adentrar o labirinto espiral de autocrítica exagerada, das algemas imaginárias que colocamos em nós mesmos e que nos impedem o voo. Os descompassos hormonais dela foram lentamente transformando-a numa gangorra emocional que oscilava com a aleatoriedade do shuffle de um iPod, e muitas vezes essas guinadas eram provocadas por ações minhas, outras eram igualmente neutralizadas por elas.

Foi quando, ao completarmos o primeiro ano de um namoro que durou longos cinco, eu gravei uma música para dar a ela de presente. Batizei-a de *O sonho que eu fiz pra ti*, e falei que ela deveria ouvi-la toda vez que seu coração estivesse na parte baixa da gangorra. Dessa primeira canção para aquela que acabou virando o *Sono profundo*, mantive apenas os versos finais, e transformei o resto em algo menos endereçado e mais universal. Aprendi muito cedo a usar de artifícios mentais para não naufragar durante as tempestades. Mesmo sem avistar a terra no horizonte, acredito que devemos remar com ainda mais afinco quando a chuva vem, pois qualquer outro lugar é melhor do que não ter para onde ir. A música-presente tinha os seguintes versos:

*Eu, que já sofri demais*
*Finalmente estou em paz*
*Pois tenho você aqui*

*Eu canto para você*
*Pra que você possa perceber*
*Que eu sempre estarei aqui*

*E é só pra te perguntar...*

*O que é bem maior do que todo o céu?*
*Bem mais quente que a luz do sol?*
*E mais forte que todo o mar?*

*É o que eu sinto por você*
*Que não me entendeu*
*Será que se esqueceu?*
*Ou fingiu que não era com você...*

*Então deixa eu cantar*
*Pra você dormir*
*E nunca mais acordar*
*Do sonho que eu fiz pra ti*

Eu nunca fui exatamente fã das primeiras estrofes, mas me lembrando delas, percebo o quanto tinha de verdade naquilo tudo. O amor não é necessariamente o que vivemos quando estamos no alto de uma roda-gigante testemunhando o mais deslumbrante pôr do sol. Ele é o que se manifesta na convalescência das cicatrizes, as de dentro e as de fora. É o que se demonstra quando estamos fazendo absolutamente nada, mas não seríamos capazes de cogitar trocar o conforto daquela companhia silenciosa por coisa alguma neste mundo.

Eu demorei quase dezoito anos para namorar, pois demorei todo esse tempo para perceber que,

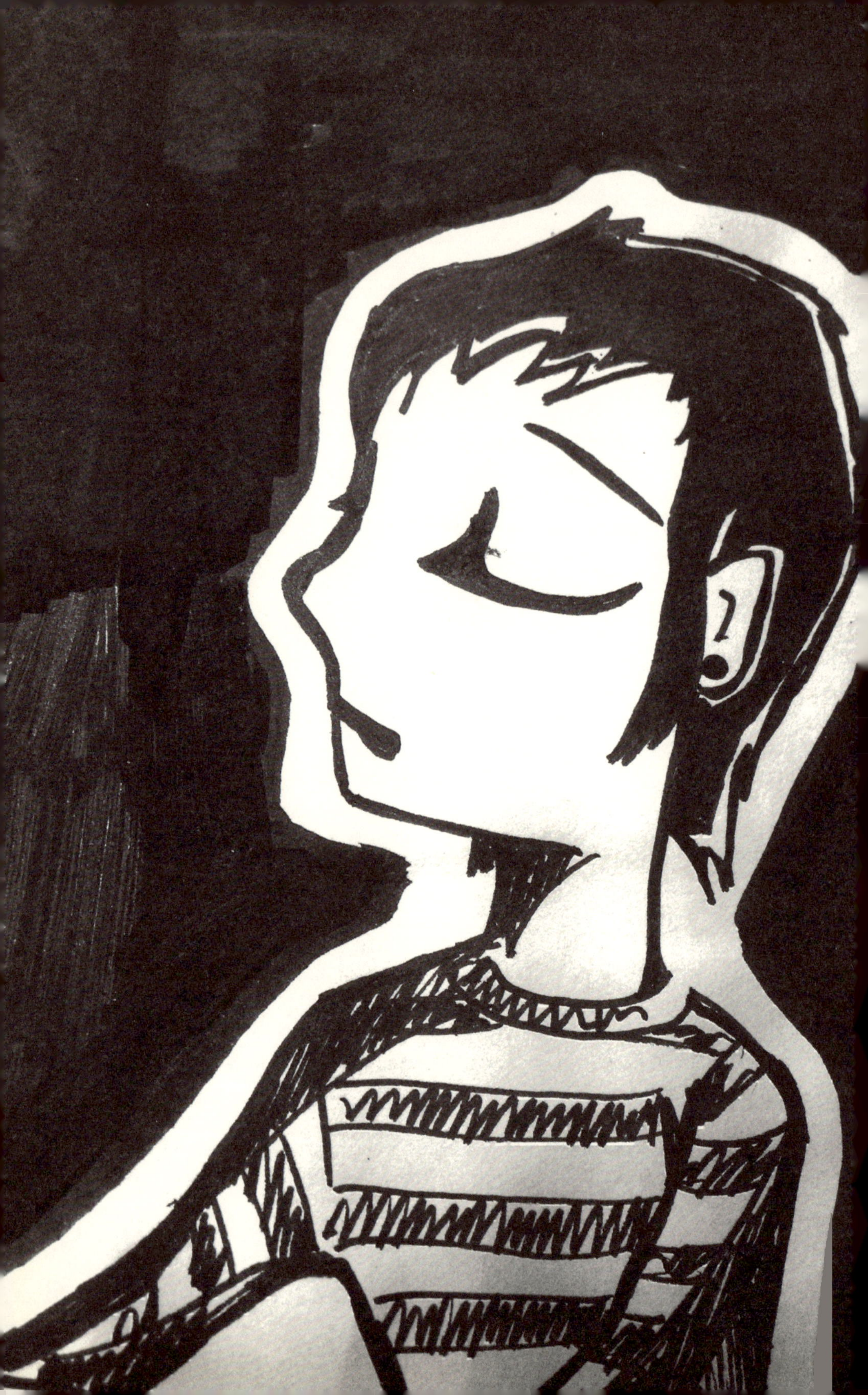

**MAIS DIFÍCIL QUE AMAR É ACEITAR EM SUA PLENITUDE O AMOR QUE NOS É OFERECIDO DE VOLTA, SEM GARANTIA** nem nota fiscal. É fazer dele algo um pouquinho maior, a cada segundo de cada dia, e riscar das nossas gramáticas a primeira pessoa do singular, trocando todos os eus por nós, e apertar esses nós da maneira mais cega e inconsequente que se pode ter, pois você não tem plano algum de desamarrá-los.

# SONETO PARA PETR CECH

## SONETO PARA PETR CECH

*Será que você já tentou imaginar*
*O que eu ia fazer ocupando o seu lugar?*
*As decisões que você soube fazer...*
*Será que eu vou ser tão bom quanto você?*

*Olho pro espelho e vejo alguém sem saída*
*Mesmo com problemas bem menores do que os teus*
*As cicatrizes de uma vida tão sofrida*
*São bem mais fortes do que todos os versos meus*

*Então, não deixe a luz se apagar*
*Você vai precisar*
*Pra enxergar em mim*
*(o que há de sobra em você)*

*Deixa eu compartilhar*
*A vida que você levou*
*Deixa eu tentar aprender...*
*(como você fez pra ser assim?)*

Desde as minhas primeiras aulas de literatura, ainda no ensino médio, me encantaram sempre os poetas românticos, aqueles que, praticamente de propósito, morriam aos vinte e poucos, enchiam a cara solene e diariamente e brindavam o mundo com sua melancolia exacerbada e lacrimejantes murmúrios vindos de suas almas feridas e extremamente sentimentais. Eu costumava dizer, quando a banda começou, que a poesia dos poetas byronianos, como Álvares de Azevedo e Castro Alves, era a fonte de influências da qual eu mais bebia, **POIS COM ELES COMUNGAVA DA MESMA CARGA DE EXAGERO LÍRICO E UM PESSIMISMO NIILISTA MUITO PRONUNCIADO.**

Ao mesmo tempo, fugindo um pouco dessa regra, eu sempre fiquei horas, dias, semanas e meses "segurando" músicas que pareciam prontas, pois ainda não havia encontrado para elas aquele verso, aquela rima que me parecia faltar, e isso em muito remonta ao período parnasiano da poesia em que mais importava a riqueza das rimas e a perfeição simétrica das sílabas do que o assunto de que se está falando, que muitas vezes acaba descambando em dissertações sobre o prosaico, o cotidiano.

A música se faz de forma e conteúdo, e é imenso o oceano de variações que podem surgir entre esses dois conceitos tão interdependentes quanto antagônicos. De nada adiantaria eu cantar um verso que não quer dizer absolutamente nada, apenas porque ele tem as sílabas perfeitas. Do mesmo modo, muitas vezes uma rima malfeita, uma palavra espremida ou alongada demais acaba tirando o ouvinte de seu transe, fazendo-o perceber que aquilo é apenas uma canção — e que, no caso, ela foi desleixadamente composta. Muitas vezes me vi obrigado a usar da tal *licença poética* para me fazer ser compreendido, sacrificando um pouco de métrica (por vezes um tanto de gramática) em troca de um entendimento perfeito daquilo que quero dizer. Nesses momentos, jamais sei se estou indo longe demais. Tanto em *Duas lágrimas* quanto em *Velha história*, há uma sílaba tônica deslocada, que transforma "LÁgrima" em "laGRÍma", e há alguns anos eu venho me corroendo por dentro toda vez que as ouço, e sigo ligeiramente mudando a entonação da palavra quando as canto hoje em dia. Para mim, é o tipo da licença poética que pode passar despercebida para muitos, mas que, para alguns — incluindo o meu "eu de hoje" — é de um acinte que salta aos ouvidos.

O *Soneto para Petr Cech* é, na verdade, um *Soneto para minha mãe*, e na época em que gravamos o *Ciano*, essa música tinha tudo para se chamar apenas *Soneto*, mas eu não queria deixar clara a intenção dessa letra já no título da canção. Eu queria que a música pudesse incitar na cabeça das pessoas outras interpretações, e não apenas a que eu tinha em mente quando escrevi. Mas, sim: o soneto é para minha mãe.

Minha mãe criou meus irmãos e eu absolutamente sozinha, pois se separou do meu pai quando éramos bem novos, e uma real aproximação minha com ele apenas aconteceu quando eu já era adolescente. Imagino o desespero que eu vou ter em tantas situações quando, um dia, vier a ter um filho, e lembro que minha mãe teve isso em dose tripla, já que eu e meus irmãos temos idades próximas.

## SÓ FUI RECONHECER O HEROÍSMO DA SAGA NÃO APENAS DA MINHA MÃE, MAS DE TODAS AS MÃES DESSE MUNDO,

quando já estava longe de casa, vivendo em São Paulo, devidamente emancipado. Somente aos vinte e poucos eu percebi que sou fruto de um milagre e que a minha mãe, desdobrando-se em ambas as figuras, materna e paterna, ao mesmo tempo, teve dentro de si uma força que hoje eu, com meus trinta, ainda não sei se tenho.

A hipertensão arterial dela, decretada por médicos nos anos noventa, era fruto de um somatório de estresse do lugar de trabalho com a dor de cabeça naturalmente causada por três pequenos homens em idade escolar, com seus problemas e atitudes por muitas vezes completamente erradas. Não era raro descobrir por meio de amigos da família que minha mãe, mais uma vez, dera entrada num hospital por causa da pressão alta e do infarto iminente. Me lembro disso porque me marcou muito, numa época em que eu tinha entre dez e doze anos, a constante sensação de que, se eu fizesse algo muito errado, aquilo poderia matar a minha mãe do coração. Por medo da morte e por compromisso com a minha mãe, decidi ser um moleque tranquilo e dar o mínimo possível de motivos para que ela se estressasse.

## NO ENTANTO, NÃO FOI SEMPRE QUE EU CONSEGUI ME MANTER NA LINHA.

Desde noitadas sem aviso prévio até ocorrências de indisciplina no colégio, não foram poucas as vezes em que eu fiquei pensando em mil maneiras para que aquelas coisas não chegassem à minha mãe da pior forma possível, como às vezes chegavam.

Quando eu tinha quinze anos, saí direto de uma reunião do Grêmio Estudantil do Colégio Pastor Dohms, do qual eu fazia parte cuidando da pasta cultural, para uma festa que estava acontecendo do outro lado da cidade. Eu me esqueci de avisar minha mãe e, em vez de chegar pelas dez da noite em casa, o fiz lá pelas cinco da manhã. Na época a gente não tinha celular. Ingenuamente, achei que ela teria ido dormir antes de eu chegar, mas ela não dormiria direito pelos próximos meses.

Quando ela chegava em casa de carro, foi surpreendida por dois vagabundos que não só levaram o veículo, como a levaram junto, e após uma ou duas horas de saques frustrados por falta de saldo disponível em caixas eletrônicos e incontáveis ameaças de morte, a soltaram no meio de um matagal, já numa área rural, na zona metropolitana

# AEROPORTO DE VIRACOPOS

eu tenho um lance co[m]
[b]arata. MINHA CASA TINHA
[pa]redes que eram um
[s]anduíche, meio NESSA ONDA

MADEIRA

BARATAS

TIJOLO

[...] DO
[P]OSTO NACIONAL

de Porto Alegre. Meu irmão, que tomava banho e ouviu os gritos da minha mãe enquanto ela era raptada, saiu, em vão, vestindo nada mais que uma toalha e empunhando o revólver que apenas a mãe achava que não sabíamos onde ela escondia. Ele mataria por ela, e eu também. Só fui saber de tudo isso através do relato ainda fresco — e contaminado pelo terror de ter a vida nas mãos de um bandido — feito pela minha mãe à mesa da cozinha, com as memórias ainda recentes demais para lhe segurar as lágrimas dentro dos olhos.

O sol já brilhava imponente, no alvorecer daquele sábado de inverno, e eu sentia uma culpa enorme de ter estado numa festa enquanto todo esse roteiro de suspense se desenrolava na minha família. Claro que eu não sabia. Claro que nada mudaria se eu estivesse em casa e que talvez a minha simples presença pudesse mudar essa história para outra bem pior. Eu jamais imaginaria que aquilo pudesse acontecer, mesmo com as estatísticas de violência urbana galgando números cada vez mais brutais em Porto Alegre.

A partir desse dia, algo mudou em mim. Continuo o mesmo desnaturado de sempre, mas, desde essa noite, eu olho para a minha mãe com outros olhos. Com olhos de quem sabe que cada dia pode ser o último e que todos eles devem ser vividos dessa maneira. Eu achava brega terminar um telefonema com a minha mãe com eu te amo, e esse dia fez essa impressão idiota se evaporar da minha cabeça.

## MAS POR QUE PETR CECH?

Quando estávamos gravando as guitarras do disco, lembro que a gente se referia àquele ruído que se faz quando você golpeia as cordas com a palheta sem fazer nenhum acorde como *tcheco-tcheco*. Um exemplo famoso desse ruído é logo antes do refrão do clássico *Creep* do Radiohead, quando Johnny Greenwood faz uso dessa técnica para preparar o ouvinte para um refrão explosivo, com a guitarra devidamente amplificada e carregada de distorções, a ponto de soar como uma espingarda carregada prestes a disparar.

No *Ciano*, a gente usou muito disso para copiar as viradas de bateria com um efeito percussivo de guitarra, coisa bem clichê no pop punk e no hardcore melódico. Só não me lembro exatamente de quando começamos a falar de *Petr Cech* em vez de *tcheco-tcheco*.

Anos depois, isso foi parar num site de futebol do Leste Europeu. O próprio Petr Cech, já consagrado como um dos maiores goleiros do mundo, acabou sabendo da música, e inclusive deve ter acreditado que todos aqueles versos eram, de fato, para ele. Isso rendeu incrédulas gargalhadas.

# MILONGA

## MILONGA

*Vamos falar de solidão?*
*Na sua casa eu nunca mais entrei*
*Mas decorei com exatidão*
*Todas as coisas, como eu deixei*

*Versos jogados pelo chão*
*Lembranças do que não presenciei*
*Mas decorei com exatidão*
*Como um passado que eu mesmo criei*

*E tudo que eu posso oferecer são minhas palavras*
*pra você*
*No plágio de uma bela melodia*
*E tudo que eu quero te dizer eu já cansei de escrever*
*Quero te ver enquanto não é dia*

*Mas diz por que tu vais embora*
*Mas diz por que tens tanto medo*
*Se não acorda cedo*
*Nem trabalha, estuda ou namora*

*Mas diz por que chegou a hora*
*Agora que eu venci meu medo*
*Te peguei pelos dedos*
*Pra dançar, enquanto o sol demora*

*Para chegar, trazendo a aurora*
*E a luz que cega e me dá medo*
*E, como um torpedo*
*Eu deslizo, eu voo, num mar de lençóis*

*Que, a cada dobra, conta histórias*
*De muitas delas, sinto medo*
*São muitos enredos*

*Enrolados, embriagados como nós... tão a sós.*

*(Quando você não esperar vai doer, e eu sei como vai doer!*
*e vai passar, como passou por mim*
*e fazer com que se sinta assim...*
*como eu vivo, como eu vejo, como eu não canso de cantar...*
*Eu sei que vai me ouvir*
*Eu sei que vai lembrar*
*E vai rezar pra esquecer*
*Vai pedir pra esquecer... mas eu não vou deixar!)*

*Por que você insiste em dizer que ainda existe vida sem você?*
*Por que você insiste em dizer que ainda existe vida?*

A milonga é velha conhecida do povo que habita a Região Sul do Brasil. De origens platinas, é um jeito de se fazer música característico dos povos gaúchos, argentinos e uruguaios. Discute-se muito uma possível origem africana da palavra, pois no idioma quimbundo do candomblé, *milonga* significa sincretismo, mistura.

Em termos gerais, pode-se dizer que a milonga é o pano de fundo sobre o qual os cantores tradicionais entoam seus lamentos de amor e desamor. Os acordes menores sugerem melancolia e desalento, e as letras das grandes milongas, não raramente,

## FALAM DE AMORES IMPOSSÍVEIS, SAUDADES DOLORIDAS E TRISTEZAS DA ALMA.

O nome da música foi um consenso entre mim e o Tavares, quando ouvimos juntos a demo que eu havia produzido em casa, ainda batizada provisoriamente de *Finaleira*. Era a finaleira do disco, pois não encontrávamos um jeito de colocar qualquer música que fosse após ela, pois o álbum *Redenção* é predominado por canções de amor com tonalidades mais açucaradas, embora seja permanente o drama de amores perdidos em praticamente todas as faixas. Mas a *Milonga*, ao lado de *Redenção* e *Europa*, forma a trinca das músicas versadas em tonalidades menores, cabisbaixas por natureza. Essa música foi feita em coautoria com o Tavares, e imagino que ele tenha atribuído a seus versos um significado próprio dele, da mesma maneira que cada um dos que ouvem a música o fazem, mas vou me ater aqui a contar sobre o que eu vivi e que acabou gestando esses versos.

A nossa milonga relata o encontro de um casal que não estava mais junto havia alguns meses, aquele momento de fraqueza ao qual a gente costuma se referir como revival. Éramos as mesmas pessoas que, há alguns tempos atrás, se conheciam tão bem, de maneira tão profunda e que agora, distantes pela separação e radicalmente mudados por ela, tentavam, em vão, viver tudo aquilo novamente, nem que seja pelo período de uma noite embriagada, repleta de absurdas coincidências. A casa dela estava diferente: nossas fotos sumiram da geladeira, móveis mudaram de lugar, e o quarto, de cor. A vida dela tomara seu rumo, e com os dias passados, lembranças deixaram cicatrizes, algumas daquelas que somem e outras que ali ficarão para sempre.

Até então, a música era somente isso, mas faltava alguma coisa. Sempre arriscávamos, nos nossos ensaios, um momento diferente no meio da música: uma quebra de paradigma, de sequência melódica e de assunto. Foi quando passei a escrever sobre os motivos que nos levaram para aquele fatídico reavivamento de um amor que não mais existia. Tentamos praticamente de tudo, desde rufantes tambores à la *Sgt. Pepper's* até um atmosférico momento de silêncio enquanto um poema ainda não escrito seria por mim entoado.

Foi quando, num domingo à noite, resolvi experimentar. Aí surgiu o interlúdio. É quando a música troca de batida, e a bateria orgânica dá lugar a uma batida eletrônica, cercada de sintetizadores, em um trecho que intencionalmente lembra um house desses que a gente sempre ouve nos bares da vida. Eu não planejava encontrar ela naquele dia, nem naquele mês, muito menos naquele lugar, no qual eu estava reunido com meus amigos, em busca de uma noite de diversão regada ao combo devastador de vodca com energético.

O que se canta, após o pequeno solo de teclado, é a transcrição de um possível diálogo de um jovem ébrio decidido a levar para casa sua ex-namorada, momentaneamente esquecendo-se de todos os motivos que os levaram a não mais formarem um casal. Só o que me importava era aquela noite, e o destino dos nossos passos. O amanhã era apenas uma metáfora distante de um futuro que eu tinha preguiça de viver: as brigas, o choro e as expectativas que jamais foram preenchidas. Eu só queria aquela noite, para selar tudo que havia acontecido entre nós com uma memória diferente das lágrimas e da culpa que pairou como uma nuvem sobre o nosso fim "oficial". Por isso eu falo que a luz do sol me cega e dá medo... A aurora traz o dia seguinte, a ressaca física e moral, e a obrigatoriedade de dar o derradeiro adeus a um romance fadado ao fracasso. Eu não queria que o tempo passasse, mas ele passou, trazendo, com o canto dos pássaros e o rugido dos ônibus, a tétrica lembrança de uma atitude impensada que só abriria mais nossas feridas, expondo a incapacidade de superar o nosso próprio fim.

*Vida que segue*, disse ela, vestindo-se apressada, com seu olhar fugindo do meu a cada frase trocada. A frase *por que você insiste em dizer que ainda existe vida sem você* não foi capaz de sair da minha boca, e ficou lá, morando em minhas memórias até sair pelos meus dedos em forma de música. E foi assim que escolhemos terminar a nossa milonga, ambos arrependidos em diferentes graus, com nossas chagas aparentemente cicatrizadas, mas ardendo em um misto de saudade, impotência perante o inevitável e um meio-arrependimento de quem acredita que aquilo tudo precisava acontecer para que tivéssemos certeza de que jamais daríamos certo de novo.

## LEVAMOS ESSA MÚSICA PARA O DISCO, ENFRENTANDO EMPRESÁRIO E GRAVADORA,

que, na época, eram a mesma pessoa. Ele jamais enxergou que uma música comprida, com uma estrutura que foge ao óbvio, que fala de amor de um jeito tão melancólico, pudesse surtir algum efeito em alguém. A gente jamais teve dúvidas, e essa é, provavelmente, a única música desse disco que será lembrada daqui a muitos anos por quem segue a nossa criação. E uma das coisas que fez a nossa *Milonga* encravar suas garras profundas nos ouvidos e corações do nosso público é o "discurso" proferido pelo Tavares ao final dela, num intenso cataclismo de lembranças e lamentos.

Quando estava gravando os backing vocals no estúdio, ele começou a anotar num papel uma ideia e pediu para abrir o microfone e gravar o que ele iria fazer. Quando ele começou a gritar o *quando você esperar, vai doer...*, logo percebemos que aquilo era o que faltava para que a música atingisse a sua plenitude. É como se você estivesse amaldiçoando aquela pessoa e condenando-a a viver eternamente sob a sombra desse amor fracassado, da mesma maneira que você se sente. E esse é um sentimento que a gente inevitavelmente tem quando termina com alguém. Para mim, sempre foi trágico, sempre pareceu abrupto e impensado, mesmo quando a dúvida já era minha inquilina há uma eternidade.

Mesmo que não sejamos capazes de assumir, de uma maneira ou de outra, queremos saber como está se sentindo a outra metade, se está sofrendo, se está feliz, como está lidando com aquilo tudo e se está cicatrizando melhor que nós. Saber que a outra pessoa está melhor do que nunca, quando estamos em frangalhos, é algo que nos fere e incute em nós esse sentimento rançoso que pode beirar o recalque e que suscita em todos uma reação parecida. Muitas vezes, inclusive, essa aparente felicidade ostensiva e programada não passa de um fantasma de mentira, criado justamente para fomentar essa guerra fria que a gente insiste em travar quando o amor se vai embora.

## E NÃO TEM JEITO DE CANTAR ISSO EM ACORDES MAIORES.

I WISH
I COULD DANCE
WITH U
TONITE
I WISH I
COULD TAKE
UR HAND

# VERDADES QUE TANTO GUARDEI

## VERDADES QUE TANTO GUARDEI

*Sempre quis caminhar olhando pro alto*
*Sem ter medo de tropeçar*
*Sempre quis caminhar cantando bem alto*
*Que eu nunca mais vou errar*

*Sempre sonho em estar num lugar mais calmo*
*Em que eu possa respirar*
*Não quero mais lembrar que não estou a salvo*
*(da) sede que sinto do teu ar*

*Sei que não foram em vão*
*As marcas incuráveis que acumulei no coração*

*Peguei na sua mão... tempos inigualáveis*
*Em que não havia escuridão...*

*Me desculpa por te falar verdades que tanto guardei*
*Verdade foi que te menti em todo tempo em que te amei*

*E hoje eu falei pra você: vai demorar pra entender*
*Tento não transparecer que não quero mais viver...*

*Perdão... desculpa por estar ausente*
*Quando você mais precisava de mim*
*Por não chegar na sua frente*
*E revelar que eu não sou perfeito, assim*

*Perdão... pois tudo que eu mais quero*
*É não me sentir culpado estando em braços teus*
*Só estou tentando ser sincero em te revelar*
*Todos os erros meus...*

Tem coisas que a gente diz sem saber que está dizendo. Tem coisas que a gente escreve sem saber que está escrevendo. *As verdades que tanto guardei* surgiram para mim enquanto eu escrevia essa letra, como um prenúncio do que estava por vir. Guardava tais verdades de mim mesmo, inclusive, e somente esses versos foram capazes de me contar sem rodeios o que acontecia em meu coração. Lendo o que escrevi hoje, mais de dez anos depois, a verdade se coloca sob meus olhos, clara como água. Dificilmente eu começo uma música sabendo exatamente sobre o que vou falar. Eu simplesmente começo a escrever e, quando vejo, já tenho alguns versos, melodias e, de repente, aquilo toma forma de música, dando para mim um caminho a ser seguido, que eu percorro sem pensar muito a respeito durante o processo.

Eu comecei falando que estava buscando liberdade, uma chance de me livrar de algo que me prendia, que me pesava sobre os ombros, e que, para isso, precisava da ajuda daquela pessoa que eu amava (nesse caso, minha então namorada). Talvez tivesse falado sobre isso até o fim da música, tornando-a cem por cento diferente, mas algo me fez mudar de assunto. Eu tinha saudade de como tudo era no começo, de não me pegar pensando em futuros distantes, de viver aquele agora que era tão novo para mim. Quando falei dos tempos inigualáveis em que não havia escuridão, estava me referindo a isso, e a música, até então, acabava por ali.

Sempre achei forte dizer que menti durante todo tempo em que amava ela, até mesmo por que isso não é verdade. Mas, sim, tinha comigo, em algum lugar secreto em meu peito, uma mentira que guardei a sete chaves pelo bem da nossa relação, uma besteira que eu havia feito lá atrás, quando ainda nem conseguíamos classificar ao certo se o que tínhamos era um namoro ou uma casualidade adolescente, mas que, como um siso prestes a nascer, me doía de tempos em tempos, e depois passava. Esse arrependimento virou verso e música, e já não mais conseguia se esconder em mim. Era vociferado show após show jamais passando pela minha boca sem me arranhar um pouco mais. Arranhou tanto que um dia já era ferida aberta, carente de cura e do perdão pelo qual tão desesperadamente clamei durante essa gravação.

Ela me perdoou. Não de primeira, nem de segunda, mas me perdoou. Depois disso aconteceu aquilo que eu relatei em *Cada poça...*: um troco que, premeditado ou não, acabou deixando a gente num estranho e incurável estágio de estamos quites. Era o fim da inocência, do amor adolescente, dando lugar ao agridoce mundo das relações "adultas", **SEUS IMPENETRÁVEIS PROBLEMAS E SUAS INFINITAS SOLUÇÕES.**

Confesso que enxergo minha adolescência e os meus primeiros amores sob um verniz de saudosismo, por vezes pecando em glamorizar momentos recorrentes e banais, pintando com cores bonitas momentos vazios de significado, atitudes instintivas e reações ingênuas. Mas esse é um véu que só se descobre uma vez, e a constatação de que não existe amor perfeito, eterno e incondicional dói. Este arquétipo de cumplicidade perene que inventamos para classificar o sentimento que une aquele casal de velhinhos que, do alto de suas bodas de diamante, jamais foram separados pela vida, nada mais é do que o resultado de uma busca incessante e deliberada de pequenas curas... a todo minuto, dia após dia. Uma busca na qual poucos estão dispostos a mergulhar de cabeça e para a qual, àquela altura da minha vida, eu estava muito longe de estar pronto.

# A RESPOSTA

## A RESPOSTA

*Te perdoar...*
*Não vai ser o bastante pra me ver voltar, depois do que eu sofri*
*Te perdoar...*
*Não vai ser num instante que eu vou mudar*
*Enxugue o sangue dos meus olhos*

*Você falou que entre nós dois o melhor sempre fui eu*
*Você faltou com a sua palavra ao mentir pra mim*
*Eu percebi que você era humana como todos nós*
*E eu recebi em dobro tudo o que um dia eu fiz pra ti*

*E hoje eu estou tentando ver se um dia eu vou aceitar...*

*(...e então, o que é o perdão se não um produto sem justificativa?*
*isso tudo é só um símbolo de que o passado não importa mais*
*e que por isso eu devo calar o meu pranto...*
*essa lâmina continua afiada, e era eu que ainda não tinha observado*
*estava muito ocupado, tentando superar o gosto do meu sangue*

*as lágrimas assim vão sendo, assim, confiscadas*
*tudo através desse produto que continua estagnado nas pontas dos meus dedos*
*mas as minhas mãos não são capazes de superar o medo*
*minhas mãos não conseguem ver que a vida continua*
*e, para sempre, permanecerão: sem esquecer, sem relevar, sem perdoar)*

*Te perdoar...*
*Dormir com a certeza de que eu vou sonhar*
*Te perdoar...*
*Mais uma chance para eu te demonstrar (que) te perdoar*
*Não é a solução pra todos os problemas que existem entre nós*
*Te perdoar*
*É voltar a ter boas memórias ao ouvir a tua voz.*

Essa música é uma espécie de ode ao perdão, um exercício de definição do que realmente significa, com todas as suas implicações possíveis (aos olhos de um pós-adolescente), o verbo perdoar. Normalmente, quando nossa visão encontra-se turva por algum sentimento desconcertante como raiva, tristeza ou vingança, acabamos suprimindo a racionalidade e pensando apenas com um machucado coração que, aos pedaços, não é capaz de expressar um mísero suspiro de razão.

**A MELODIA, QUE JÁ VINHA OCUPANDO MINHA CABEÇA HÁ MESES, AINDA NÃO TINHA PALAVRAS** que a trouxessem ao mundo, e estava fadada a uma gaveta de canções inacabadas e ideias cruas, até que eu comecei a rabiscar uns versos que, sob a forma de poema criptografado, ocupam o interlúdio que acontece no meio da música. Sempre enxerguei o perdão pelo perdão como um artifício mental muito parecido com o esquecimento. A expressão *vamos passar uma borracha por cima disso tudo* exemplifica muito bem a maneira com a qual a maioria das pessoas enxerga o perdão. No entanto, você já percebeu como, após duas ou três passadas de borracha, as linhas do papel começam a sumir, pequenos fiapos de folha se desprendem e a pressão do que se havia escrito anteriormente ainda faz sulcos nas páginas que estavam por baixo? Nos meus cadernos eu escrevo com força, espremendo a ponta do lápis recém-apontado contra o papel, e virar a página muitas vezes me parece melhor do que passar a borracha. Após um ou dois capítulos, os vestígios do que se havia escrito anteriormente são tão distantes no tempo que a folha ferida para de arder.

Sou um péssimo esquecedor e, consequentemente, um péssimo perdoador. Não acumulo apenas quinquilharias das ruas e das minhas viagens. Esse comportamento se estende por todo o espectro da minha existência de acumulador nato, congênito. E isso vai exigindo da minha cabeça e do meu coração um espaço cada vez maior para tanta tralha, a fim de precaver o mundo ao meu redor de uma hecatombe sem precedentes. A válvula de escape é a música, por vezes um funil apertado demais para o tanto que julgo digno de ser dito, externado aos quatro ventos. E a "gordura" que sobra nas paredes desse funil, essas verdades, as reais e as imaginárias, que se acumulam a cada verso deletado e rima não encontrada, vão se acumulando, de maneira tímida, porém implacável. É quando novas páginas e capítulos não conseguem mais me fazer esquecer. É quando se faz necessária uma mudança mais profunda. É quando a mancha é tão forte que me faz partir para um novo livro. Curiosamente, isso acontece na minha vida em ciclos com aproximadamente sete anos de duração, e já me encontro em meu quinto ciclo, de respostas novas a perguntas antigas, de descobertas necessárias e de novas cinzas tomando seu rumo para baixo do tapete.

Isso explica também, de certa forma, o nome do primeiro disco da Fresno: *Quarto dos livros*. A expressão, cunhada pelo meu irmão, ganhou, para mim, um novo significado. Na minha percepção, somos todos prateleiras de livros, tanto prontos quanto inacabados. Tanto os ornados de capas duras e detalhes dourados quanto aqueles sem capa, impressos em papel-jornal, ou até mesmo os desajeitados manuscritos sem revisão, somos todos bibliotecas.

## A MÚSICA É APENAS UMA DAS MANEIRAS DE SERMOS LIDOS PELAS OUTRAS PESSOAS.

A arte é a chave que dá ao mundo acesso ao nosso "quarto dos livros", para que, mesmo centenas de anos após deixarmos esse plano físico, nossa biblioteca esteja lá, intacta e disponível.

Minha vida é um rio. Agradeço a todos que, positiva ou negativamente, influíram no curso da minha vida. A todas as pedras que curvaram minhas águas e precipícios que me fizeram cachoeira. Aos que de mim tiraram algo significante para si mesmos, e aos que me emprestaram sua luz para me guiar na escuridão. Este livro é meu desemboque em mar aberto, é para vocês, e não existiria sem vocês.

À minha família que, literalmente, de norte a sul do país me traz o conforto de pertencer a todo lugar. Aos meus companheiros e ex-companheiros de banda, irmãos na arte e colegas na vida. Meu "muito obrigado" também a todos que seguram meus tombos e que me reerguem das quedas, acompanhando meus passos, minhas notas e minhas palavras, onde quer que elas estejam. Minha torcida.

Cada palavra é um pedaço de mim que se vai. Agradeço a todos que me ajudam a ser cada vez menos eu, e cada vez mais palavra. Cada vez menos carne, cada vez mais verso. Cada vez menos mundano, cada vez mais Universo.

Ione, Nilo, Tchuí, Bruno e Karen.

Vavó, Guerra, Mario, Bell, Tavares, Cuper, Lezo e Nêgo.

Emicida, Miyazawa, Helinho, Baptista, Xinho, Dom Henrique e Edu Santos.

À mentalidade underground.
Aos amigos que o rock trouxe.

The Dance of NY.

Aos sonhadores.

Para consultar nosso catálogo completo e obter mais informações sobre os títulos, acesse www.dublinense.com.br.

dublinense

Este livro foi composto em fontes Archer e Industria e impresso na gráfica Pallotti, em papel pólen bold 90g, em maio de 2015.